Liebe Leserin, lieber Leser,

mit diesem Buch haben Sie einen guten Griff getan! Denn egal, was Sie vorhaben – ob Sie modernisieren oder verschönern, ob Sie reparieren oder ein eigenes Möbelstück bauen möchten –, jetzt kann nichts mehr schiefgehen. Die Fachautoren von Europas auflagenstärkstem Do-it-yourself-Magazin „SelberMachen" präsentieren Ihnen Heimwerken auf dem neuesten Stand. Schritt für Schritt werden sämtliche Handgriffe und kleinen Tricks erklärt. Alles, was wir Ihnen hier zeigen, ist vielfach und ausführlich in den Werkstätten von „SelberMachen" getestet und erprobt worden. Wir wünschen Ihnen viel Freude und Erfolg bei all Ihren Selbermacher-Plänen!

Uwe Kollmorgen

Rustikale Möbel bauen

rororo selber machen

rororo selbermachen
herausgegeben von Wolf Dietrich Laatzen

Die Reihe rororo selbermachen wird produziert von
der Redaktion der Zeitschrift SelberMachen,
Jahreszeiten-Verlag, Hamburg

*Autor und Verlag bedanken sich bei
allen, die technische Informationen,
Fotos und fachlichen Rat beigesteuert haben,
für die freundliche Unterstützung
bei der Entstehung dieses Buchs.*

*Originalausgabe
Veröffentlicht im
Rowohlt Taschenbuch Verlag GmbH,
Reinbek bei Hamburg, Juli 1997*

*Layout Simone Sander
Umschlaggestaltung Walter Hellmann
(Foto Petra Stange)
Lithographie Druckformdienst Alphabeta,
Hamburg
Satz PostScript Sabon und Frutiger auf
Apple Macintosh, QuarkXPress 3.31
Gesamtherstellung Clausen & Bosse, Leck
Printed in Germany
1990-ISBN 3 499 60314 4*

Inhalt

Möbel tischlern: Hobby oder

Schubfächer verleimen und mit Stiften verbinden: eine ganz einfache Arbeitstechnik

Zum Hobeln von Holzflächen und Kanten gehört Übung – aber es macht Spaß, wenn die Späne fliegen!

Arbeiten mit Holz ist ein sinnliches Erlebnis, das zur Leidenschaft werden kann. Dieses Buch bietet Ideen und technische Tips.

Was bewegt Menschen dazu, Tage oder gar Wochen ihrer Freizeit im Hobbykeller zuzubringen, um dort ein Möbel zu bauen, das es in ähnlicher Form auch in einem Möbelgeschäft zu kaufen gibt? Das Argument, damit Geld sparen zu können, zieht wohl kaum noch: Oft ist das Rohmaterial, das man für so ein Möbel benötigt, ebenso teuer wie andernorts das fertige Stück. Daß Serienmöbel nicht immer die Anforderungen an Qualität erfüllen, steht auf einem anderen Blatt. Für Menschen mit besonderem Anspruch kann das z. B. schon ein guter Grund sein, selber Hand anzulegen; besonders, wenn sie sich im Laufe der Zeit aus Neigung oder Notwendigkeit das eine oder andere Elektrowerkzeug, die eine oder andere Handsäge oder einen hochwertigen Hobel angeschafft haben. Der Umgang damit wurde meist schon bei den Renovierungs- oder Reparaturarbeiten geübt, für die man die Werkzeuge in den meisten Fällen gekauft hat. Was spricht dagegen, sie auch für ein Werkstück einzusetzen, auf das man hinterher richtig stolz sein kann?
Wer im Berufsleben gezwungen ist, Arbeiten zu verrichten, deren Ergebnisse er nie zu sehen bekommt und nie im wörtlichen Sinn „begreifen“, also nach Fertigstellung betrachten und anfassen kann, sucht gern nach einem Ausgleich für dieses Defizit.

Herausforderung?

Verbindungen mit Schlitz und Zapfen: echte Präzisionsarbeit!

Türrahmen mit Füllungen: das ist klassischer Möbelbau!

Beschläge und Scharniere sauber einlassen: das sind Details, die bei Holzarbeiten zählen!

Das Arbeiten mit Holz, besonders das Tischlern, bietet alles, was die manchmal sinnentleerten Aufgaben des Alltagslebens vermissen lassen. Schon das Material Holz ist sympathisch, es riecht gut, es läßt sich leicht mit Werkzeugen bearbeiten, und man kann damit wunderschöne, eigenständige Möbel anfertigen, wie man sie anderswo nirgends bekommt.
Daß dazu ein gewisses Maß an Fachwissen nötig ist und unter Umständen erst erworben werden muß, sollte jedem klar sein. Das gute, alte Sprichwort, daß noch kein Meister vom Himmel gefallen sei, gilt auch im Zeitalter von Computer und Internet. Wer jedoch die Bauvorschläge, Ideen und Arbeitsanleitungen, die wir in diesem Buch anbieten, genau betrachtet, wird schnell herausfinden, daß man dort eine Menge abgucken kann. Und dafür sind sie letzten Endes auch gedacht: Anregungen und Detaillösungen, an dem einen oder anderen Werkstück dargestellt, lassen sich natürlich auch adaptieren. Davor warnen möchten wir allerdings, sich gleich zu Anfang zuviel zuzumuten. Wer noch keine Erfahrung im Möbelbau gesammelt hat, sollte sich zuerst auf einfache, wenig materialaufwendige Arbeiten konzentrieren. Haben sich die ersten Erfolgserlebnissse eingestellt, kann man den Schwierigkeitsgrad steigern. Bei manchen Arbeiten lohnt es sich, zur Probe ein Detail (z. B. einen Rahmen mit Füllung) herzustellen, bevor man sich entscheidet, ein ganzes Möbel zu bauen. Eine besondere Herausforderung für den Hobbytischler ist es sicher auch, ein eigenes Möbel zu entwerfen und selbst zu bauen – vielleicht als Familienerbstück. Sogar dafür sind die Vorschläge in diesem Buch geeignet.

Tellerbord: einfach schön

Ein echtes Schmuckstück für alle Freunde ländlicher Behaglichkeit. Und trotzdem ganz einfach anzufertigen!

– und auch schön einfach

Kleine Borde wie dieses sind nicht selten ebenso ein Blickfang wie die Gegenstände, die man darin zur Schau stellen möchte.

Die Blende mit ihrem schönen Muster stellt die größten Anforderungen an Ihr handwerkliches Geschick.

Schönes Geschirr, ein paar liebgewordene Sammelteller, geschliffene Gläser oder Karaffen: Es gibt in jedem Haushalt eine ganze Menge Dinge, die man nicht hinter geschlossenen Türen verstecken mag. Wer sich öfter am Anblick dieser Raritäten erfreuen möchte, ist mit so einem Tellerbord bestens bedient. Das Baumaterial ist massives Holz, die Linien der Seitenwände, des Kranzprofils und der Lisenenleisten sind schön ausgewogen. Und die Zierblende oberhalb des Einlegebodens verleiht dem Möbel etwas Einmaliges, Besonderes.
Das Beste aber: Das kleine Bord ist so konstruiert, daß es auch von handwerklich Ungeübten nachgebaut werden kann. Benötigt man für das Herstellen einiger Möbel beinahe eine komplett eingerichtete Hobbywerkstatt, so kommt man hier mit einem Minimum an Werkzeugen zurecht. Eine Stichsäge und eine Bohrmaschine – das sind schon die einzigen Elektrowerkzeuge, die man zur Verfügung haben muß. Die Stichsäge ist unentbehrlich, um die Seitenteile so schwungvoll auslaufen zu lassen, wie Sie es auf dem Foto links erkennen – und nicht minder vonnöten, um das massive, 14 mm dicke Brett der Zierblende mit einer so einprägsamen Ornamentik zu versehen, wie wir es bei dem Vorbild getan haben. Dabei sollte man den Vorteil nutzen, daß es für die Stichsäge unterschiedliche Sägeblätter gibt, die man ganz nach Bedarf und Einsatzzweck austauschen kann. Für die relativ großen Radien am unteren Ende der beiden Seitenteile kann man ruhig ein normales Sägeblatt für Holzschnitte einsetzen. Die Rundungen müssen ohnehin nachgeschliffen werden, damit sie makellos aussehen. Für die Zierblende hingegen wählen Sie am besten ein Sägeblatt für Kurvenschnitte in Holz, damit die spitzen Ecken und die angedeuteten Rundungen der stilisierten Sonne sauber gelingen.
Übrigens: Wenn Ihnen das von uns verwendete Ornament nicht gefällt, können Sie natürlich auch eines nach eigenem Geschmack entwerfen und einsetzen.

Mit Weißleim und **Holzdübeln** wird dieses

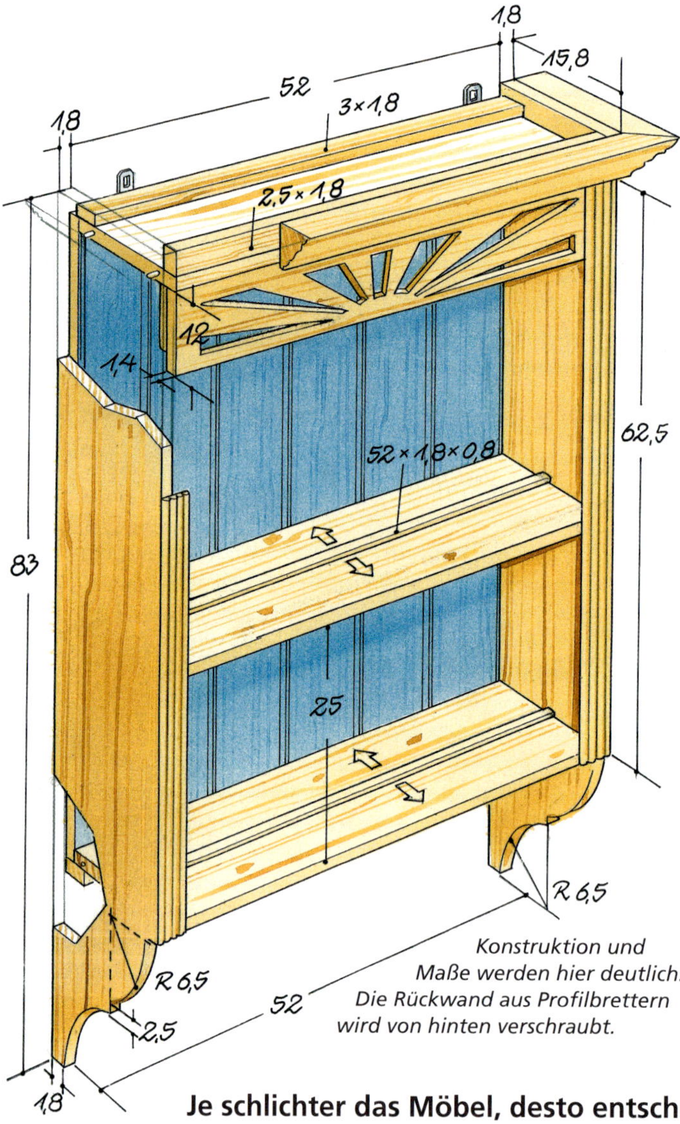

Konstruktion und Maße werden hier deutlich. Die Rückwand aus Profilbrettern wird von hinten verschraubt.

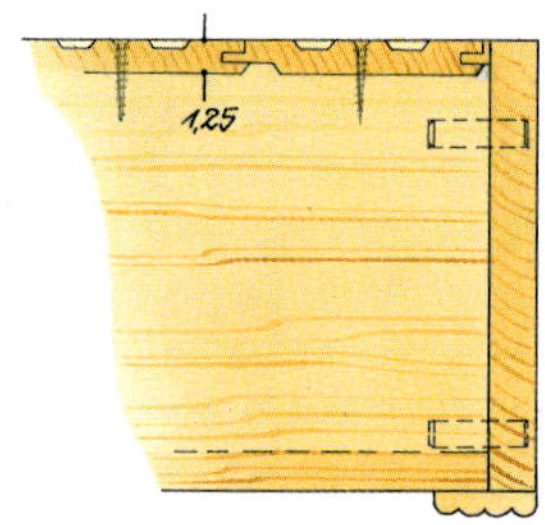

Der senkrechte Schnitt zeigt, wie Seitenwand und Böden verbunden werden.

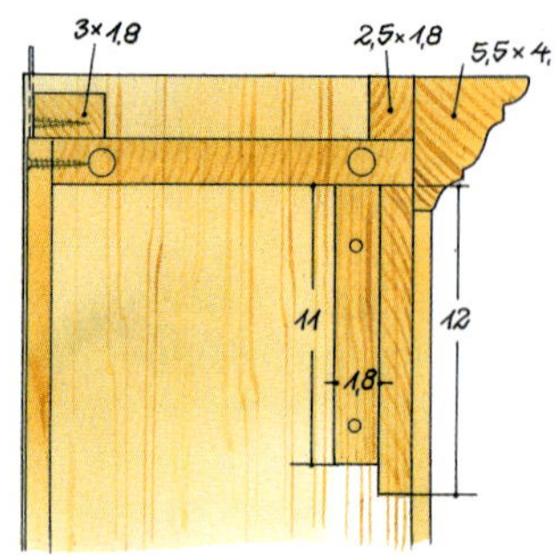

Der seitliche Schnitt. Der Oberboden ist mit einer Leiste versehen, die dem Kranzprofil Halt verleiht.

Je schlichter das Möbel, desto entscheidender die Details

Wer glaubt, daß so ein Tellerbord dank der einfachen Konstruktion auf die Schnelle zusammengebaut ist, der irrt. Gerade hier muß jeder Winkel und jedes Detail sauber ausgearbeitet sein, denn alles liegt ja später, wenn das Bord an der Wand aufgehängt wird, im Blickpunkt des Betrachters. Deshalb ist es auch wichtig, daß z. B. das Material von Kranzprofil oder Lisenenleisten mit Bedacht ausgewählt und auf Fehler überprüft wird. Kein Astloch und keine Harzgalle darf bei so einem Kleinmöbel akzeptiert werden, weil solche Fehler viel zu sehr ins Auge fallen. Achten Sie schon beim Holzhändler darauf, nur makellose Profile auszuwählen – oder solche, bei denen Fehlerstellen in den Verschnitt gelegt werden können.

Bündig zusammenspannen und zum Markieren der Böden mit einem Winkel anreißen muß man die beiden Leimholz-Seitenteile.

Mit einer Bohrlehre, auf die Schmalseiten von Ober- und Unterboden gesteckt, werden die Löcher für die Dübel mittig ins Holz gebohrt.

Auf die Seitenwände überträgt man die Bohrpunkte mit Dübelmarkern, die in die Bohrungen der Böden eingesetzt werden.

Die Kurvenkontur am unteren Ende der beiden Seitenteile wird mit der Stichsäge sauber ausgeschnitten, dann fein geschliffen.

Die Einsatzpunkte für die Blendenausschnitte mit einem 8-mm-Bohrer aufbohren. Möglichst einen stationären Sägetisch verwenden.

Mit Holz- und Schlüsselfeilen sowie Sandpapier muß man die spitzen Ecken nacharbeiten und die geraden Schnittlinien glätten.

Nur in die Dübellöcher *wird Leim gegeben, wenn man den Korpus des Tellerbordes verleimt. Die Zwingen mit Zulagen versehen.*

Das Kranzprofil, *eine Leiste, wird mit einer Gehrungssäge auf Maß zugeschnitten. Das Profil mit einem Gegenprofil festspannen.*

Der Falz: zwei angeleimte Leisten

Wenn Sie sich die Konstruktionszeichnung auf der Vorseite genau angesehen haben, ist Ihnen sicherlich aufgefallen, daß auch die Rückwand des Bordes durch mehrere Profile unterteilt ist. Der Grund: Anstelle einer einfachen Sperrholzplatte haben wir hier ein paar Profilbretter aneinandergereiht und auf das lichte Maß zwischen den Regalseiten eingepaßt. Deshalb wurden auch der Ober- und der Unterboden nur bündig zur Vorderkante der beiden Regalseiten ausgerichtet. An der Rückseite bleibt ein Abstand von 12 Millimetern. Durch das Auf- bzw. Unterleimen je einer Leiste bei Ober- und Unterboden entsteht ein Falz, in den die Rückwand-Profilbretter genau hineinpassen. Nachdem sie in einer Farbe Ihrer Wahl gestrichen und gut getrocknet sind, können Sie sie mit je einer Schraube in dem Falz befestigen. Alle Schraubenlöcher vorbohren!
Auch die Oberfläche des Korpus muß natürlich einen Schutzanstrich erhalten. Empfehlenswert: ein klarer, hochglänzender Lack ohne schädliche Lösemittel.

Die Lisenen, *oben ans Kranzprofil angepaßt, leimt man kantenbündig gegen die Seitenteile. Man spannt sie dort mit Zwingen fest.*

Alle Profilbretter, *die die Rückwand bilden, werden einschließlich Nut und Feder vollflächig gestrichen, damit es nirgends „blitzt“.*

Zeigen, was man besitzt: das war früher schon so beliebt wie heute. Diese Möbel beweisen es.

Ein schönes Schränkchen

Mit einer gut ausgestatteten Hausapotheke kann man auf manchen Arztbesuch verzichten. Bei unserem Modell wurde nicht nur Wert auf Zweckmäßigkeit, sondern auch auf eine besondere Gestaltung gelegt.

als Platz für bittere Medizin

Warum muß ein Medizinschrank zu Hause so klinisch nüchtern aussehen wie im Krankenhaus? Unser Bauvorschlag zeigt, daß es auch ganz anders geht.

Als Baumaterial für dieses kleine Möbel haben wir 19 mm dicke Leimholzplatten in Fichte gewählt – und für die Innenaufteilung in verschieden hohe Fächer schien uns 10 mm dickes Limba-Sperrholz das richtige Material. Das Anfertigen des Schränkchens ist auch für ungeübte Selbermacher zu schaffen. Für die Gestaltung der Schranktür hingegen sollten diese die Hilfe eines erfahrenen Hobbyschreiners erbitten. Denn zum Einlassen der feinen Konturlinien, mit denen die Türfläche unterteilt ist, braucht man eine Oberfräse. Und man muß mit dem feinen V-Nutfräser umgehen können, also Übung mit dem Werkzeug besitzen. Den Zierbuchstaben (unten) kann man im Copyshop auf das gewünschte Format vergrößern lassen und dann einfach aufs Holz durchpausen.

Holzdübel und Leim *verbinden die Böden und Seitenwände dieses Schränkchens. Bohrmaschine und Dübelmarker sind die Werkzeuge.*

Trennwände *in Längs- und Querrichtung schafft man mit Holzplatten, die zur Hälfte geschlitzt, dann zusammengesteckt werden.*

Kleine Schubfächer *sind schnell gebaut, wenn man einen Boden, zwei Seiten sowie ein Vorder- und Hinterstück verleimt und verstiftet.*

Ein optischer Reiz: gebeizte Flächen,

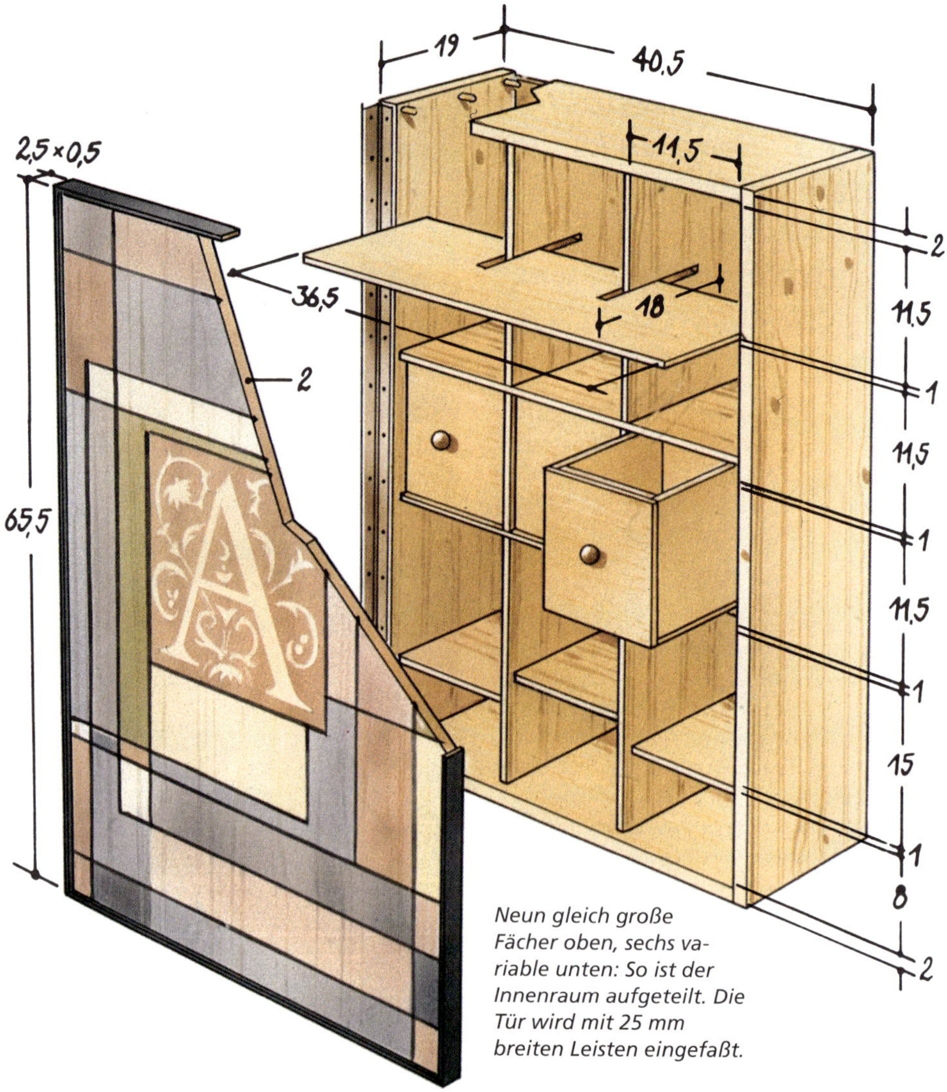

Neun gleich große Fächer oben, sechs variable unten: So ist der Innenraum aufgeteilt. Die Tür wird mit 25 mm breiten Leisten eingefaßt.

Das verzierte Initial bietet auf der Tür einen besonderen Blickfang

Mit dezenten, naturnahen und lasierenden Farbtönen, die durch tiefschwarz eingefärbte Nuten unterteilt werden, haben wir die sonst schlichte Tür unseres Medizinschränkchens auf ganz besondere Weise betont. Das richtige Material für diese Technik: Holzbeize, die nach Geschmack mit Wasser verdünnt und mit einem breiten Flachpinsel aufgetragen wurde. Die einzelnen Farbtöne haben wir durch eine Beizprobe ermittelt.

Der Zierbuchstabe in der Mitte der Türfläche hingegen wurde mit feinem Tuschpinsel und Plakafarben ausgemalt, das komplette Schränkchen abschließend mit einem flüssigen Holzwachs versiegelt.

die fein aufeinander abgestimmt wurden

Die Blende *auf der Schubkastenvorderseite wird aus Fichtenleimholz zugepaßt. Sie verdeckt die Schnittkanten der Sperrholzplatten.*

Die Zierlinien *auf der Tür-Frontseite erzielt man mit einem Schriftenfräser in der Oberfräse. Das Werkzeug stets am Anschlag führen.*

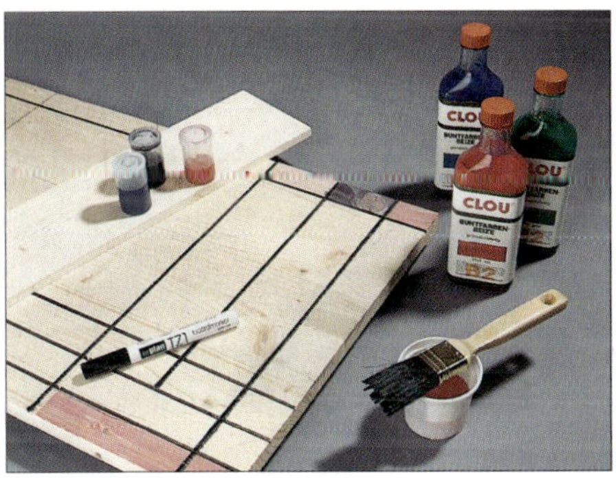

Mit einem wasserfesten Marker *färbt man die Konturlinien bis auf den Grund. Die Flächen mit verdünnter Wasserbeize abtönen.*

Mit einem Stangenscharnier *wird die Tür mit dem Korpus verbunden, nachdem die Innenaufteilung eingepaßt und eingesetzt ist.*

Den Zierbuchstaben paust man auf die Türplatte durch. Die Konturen mit Plakafarben sauber ausmalen.

Ein Hebel-Zylinderschloß *macht den Schrank sicher. Tür mit einem 20-mm-Bohrer durchbohren, Schloß mit Abdeckringen fixieren.*

Auf Maß gebaut: Bücher-

Ein schöner „Raumfüller" mit viel Stauraum: die selbstgebaute Bücherwand

wand mit Landhaus-Charme

Wer sein Wohnzimmer auf besondere Weise einrichten möchte, muß manchmal selbst zu Säge und Hobel greifen. Wir haben's getan!

Sie suchen zum Verwahren Ihrer Bücher einen Stellplatz, der nicht so nüchtern wirkt wie die meisten Regalwände? Dann könnte diese Bücherwand die richtige Lösung für Sie sein. Denn die Höhe, die Breite der einzelnen Regalfächer und sogar den Farbton des Holzes können Sie mitbestimmen. Die Voraussetzung allerdings: Sie sollten über einige Elektrowerkzeuge verfügen, damit das Möbel handwerklich solide und optisch ansprechend gelingt. Als Baumaterial haben wir handelsübliche und preiswerte Leimholzplatten in Fichte ausgewählt. 28 mm dick und 30 cm breit sind diese Platten, die wir für die aufrechten Regalseiten und Mittelwände, aber auch als stabile Böden verwendet haben; sie sind in beinahe jedem Hobbymarkt zu finden. Die Lisenen (aufrechte Blendleisten), die Bögen und das Regalhaupt entstanden aus 19-mm-Leimholz.

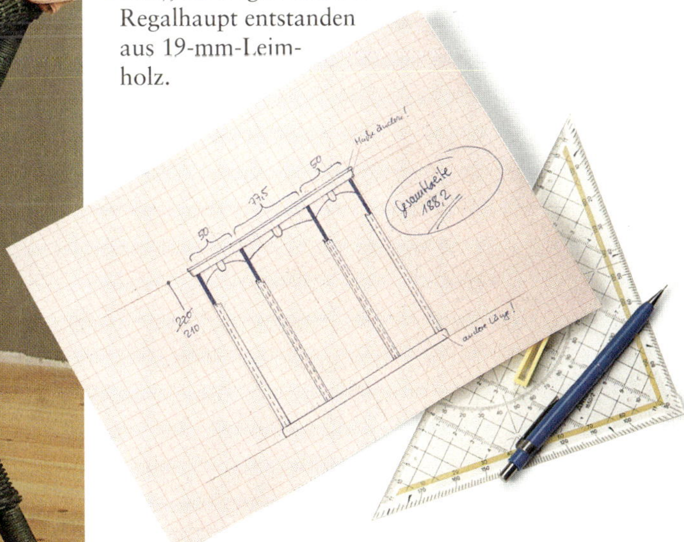

Für die richtige **Planung** sollte man sich ruhig

Die Maße unserer Bücherwand haben wir hier zur Orientierung aufgeführt. Ihre eigene kann in Höhe oder Breite davon abweichen.

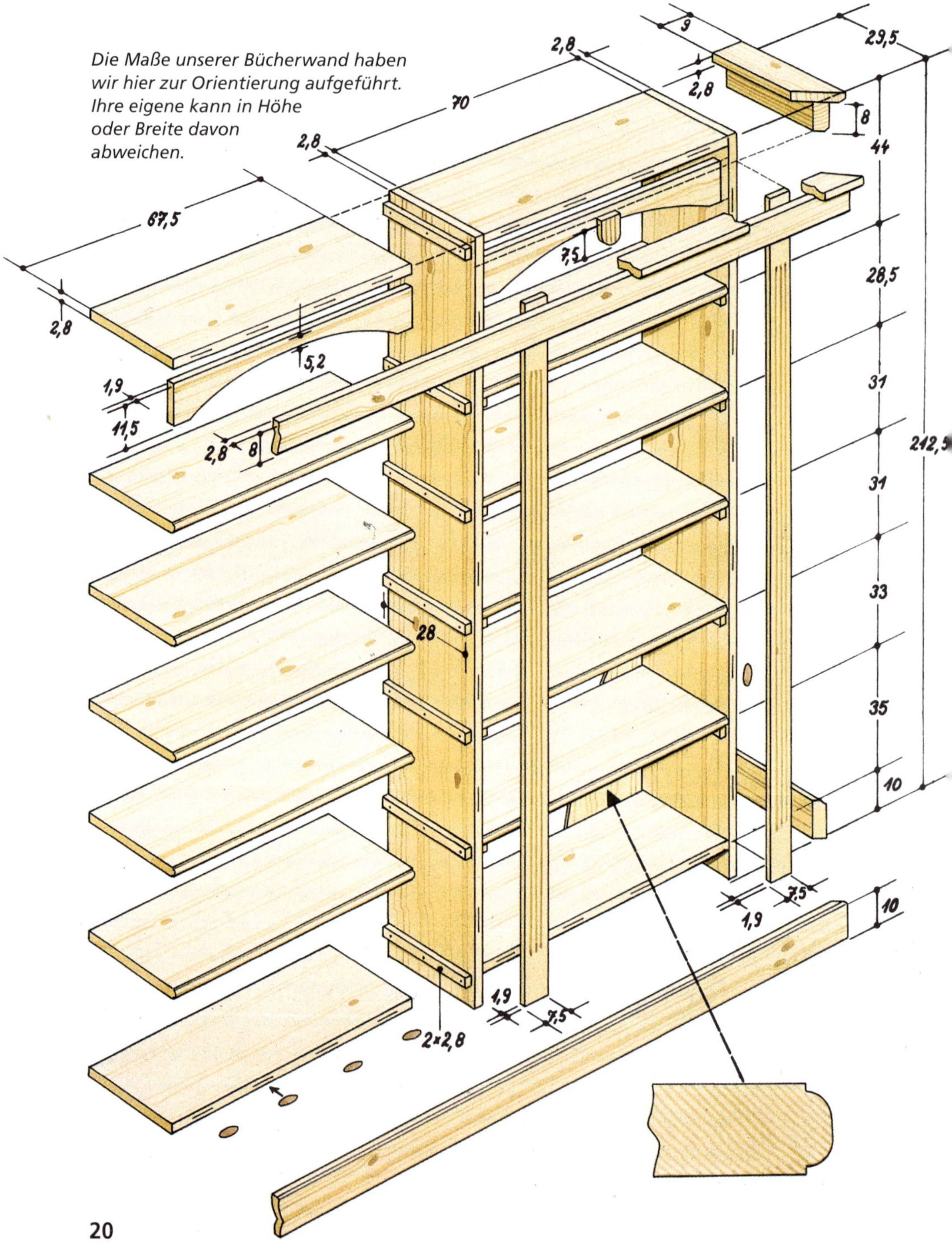

Eine Einheit aus drei Elementen

Wenn Sie die Konstruktionszeichnung links ausgiebig betrachten, erkennen Sie, daß diese Bücherwand ganz einfach aufgebaut ist. Sie besteht aus vier hohen, aufrecht stehenden Leimholzplatten, aus einundzwanzig Regalböden sowie aus einem Kranz- und einem Sockelprofil. Verziert – und damit wesentlich wohnlicher gemacht – ist das Möbel durch eine schön geschwungene Blende unterhalb des Kranzprofils. Und auch durch vier mit Ziernuten versehene Lisenen, 7,5 cm breite Leisten, die vor die aufrechten Regalseiten geleimt sind. Sie verdecken zugleich sämtliche Trageleisten, auf denen die Regalböden ruhen. Denn die sind einfach nur auf den Regal-Mittelseiten und den beiden Seitenwänden angeschraubt. Beachten muß man beim Zuschneiden der Regalböden, daß die Böden im mittleren Regalbereich um 2,5 cm schmaler zugeschnitten werden müssen als die Böden links und rechts davon: Durch die an den Außenseiten versetzt angeleimten Lisenen würden die Abstände der einzelnen Regalfächer sonst verschieden breit erscheinen.
Einer der Vorzüge dieses Entwurfs ist, daß man die Leimholzplatten nicht erst auf Breite zuschneiden muß, sondern beim handelsüblichen Breitenmaß – 30 cm – (das in der Praxis meist nur 29,5 cm beträgt, wie in der Zeichnung dargestellt) bleiben kann. Zuschneiden muß man folglich nur die Länge der Böden. Eine Handkreissäge mit Führungsschiene oder eine Tischkreissäge mit exakten Anschlägen sind die richtigen Werkzeuge dafür. Die übrigen Elektrowerkzeuge, die man zum Herstellen dieser Bücherwand benötigt, sind eine Oberfräse, eine Stichsäge

***Wichtige Bezugsmaße** für eine in den Raum integrierte Bücherwand können z. B. die Höhen der Fenster- und der Türlaibung sein.*

***Die Regalböden,** auf Breite zugeschnitten, werden an der Vorderseite mit Oberfräse und Viertelstabfräser mit Zierprofilen versehen.*

***Zwei Zentimeter dicke Leisten,** auf die Regalseiten geschraubt, dienen als Träger für die Böden. Alles auswinkeln, Löcher vorbohren.*

Mit leistungsfähigen **Werkzeugen** kommt

***Auf Gehrung** müssen die Ecken der Leisten zugeschnitten werden, die das Kranzprofil abdecken. Die Sägeführung sauber einstellen.*

***Auf einen Schnittwinkel** von genau 45 Grad muß man die Kreissäge verstellen, um das Kranz- und das Sockelprofil abzulängen.*

***Einblick in das Kranzprofil** gibt dieses Foto. Ob man die Bretter erst verleimt oder einzeln mit dem Korpus verbindet, spielt keine Rolle.*

Flachdübel: einfach und genau

sowie ein Bohrschrauber. Denn auch wenn hier an verschiedenen Stellen Flachdübel als Verbindungselemente eingesetzt wurden: zwingend nötig für die Standfestigkeit des Möbels sind sie nicht. Überall dort, wo Flachdübel eingesetzt wurden, kann man ebensogut mit Senkstiften und Holzleim arbeiten. Die Nagelköpfe, mit einem Dorn tief ins Holz getrieben, werden einfach mit Holzkitt abgedeckt, die Stellen mit Sandpapier glattgeschliffen.
Die mit Leim und kurzen Schrauben auf der Rückseite angesetzten Rückwände, drei Sperrholzlatten, die je ein Fach abdekken, sorgen dafür, daß das Möbel im Winkel bleibt. Wer mag, kann es zusätzlich mit Stahlwinkeln an der Wand fixieren.

So wird der Holzton wärmer

Fichtenleimholz, das preiswerteste massive Material für den Möbelbau, ist von Natur aus ein wenig farblos. Soll die Bücherwand etwas wohnlicher wirken, kann man das farblose Möbelwachs, mit dem man die Oberfläche veredelt, mit einem Schuß hellbraunem Wachs vom gleichen Hersteller abtönen. Evtl. den Farbton auf vorhandene Möbelstücke abstimmen.

beinahe jeder zu einem guten Ergebnis.

Für die drei Blenden fertigt man eine Schablone aus Hartfaserplatte, damit der Bogen einheitlich wird. Mit der Stichsäge ausschneiden.

Gegen das Kranzprofil geschraubt werden die Blenden, nachdem der Regalkorpus verbunden ist. Die Schrauben sind so unsichtbar.

Die aufrechten Zierleisten, die Lisenen, werden mit drei parallel angeordneten V-Nuten versehen. Die Oberfräse am Anschlag führen.

Mit Flachdübeln können die Lisenen vor die Regalseiten geleimt werden, wenn man über einen entsprechenden Fräsvorsatz verfügt.

Im mittleren Bereich leimt man die Lisenen mittig vor die Stützen, an den Seiten kantenbündig. Die Sperrholzrückwände feststiften.

Die Babywiege: viel mehr

Wer liebevoll in den Schlaf gewiegt wird, fühlt sich keinesfalls verschaukelt. Besonders, wenn die Ausstattung so kuschelig ist wie im Bild rechts.

als nur ein kleines Bettchen

Auch wenn Baby sich nur wenige Monate darin wohl fühlt: Die Wiege ist ein Klassiker, der in vielen Familien von Kind zu Kind weitervererbt wird.

Daß die gleichmäßigen, sanften Pendelbewegungen der Wiege eine beruhigende Wirkung auf Babys haben, wußten schon unsere Ur-Ur-Großeltern. Ob im gediegenen Schlafgemach betuchter Kaufleute oder auf der Diele einfacher Bauern: Eine Kufenwiege, wie wir sie hier vorstellen, hat überall gestanden. Die Modelle unterschieden sich bestenfalls im Baumaterial, in der Gestaltung oder bei den Verzierungen.

Die Wiegenstollen, *unten für die Kufen zu einem Schlitz ausgestemmt, verbinden auch die Seitenteile mit dem Kopf- und Fußbrett. Alles wird verdübelt und fest verleimt.*

Leimholzplatten *und massive Leisten aus Fichte: das richtige Baumaterial für ein Möbel, das der guten alten Zeit entstammen könnte. Auch das Anfertigen folgt der Tradition.*

Ein Bandschleifer *oder die Stichsäge sowie Sandpapier und Schleifkork werden benötigt, um die Wiegenstollen oben und unten mit einer sanften Rundung zu versehen.*

Massive **Holzrahmen** mit Füllungen: Das

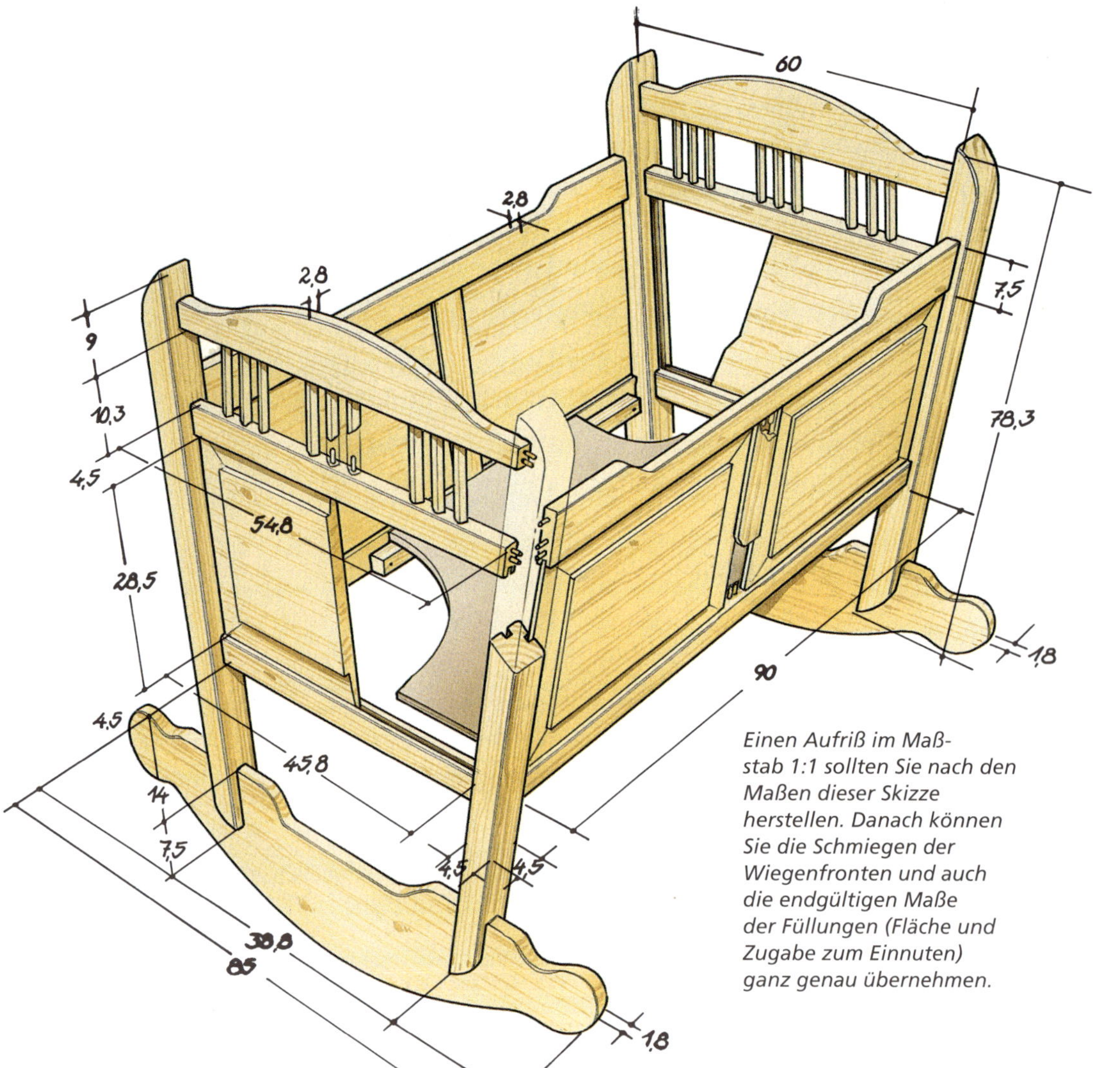

Einen Aufriß im Maßstab 1:1 sollten Sie nach den Maßen dieser Skizze herstellen. Danach können Sie die Schmiegen der Wiegenfronten und auch die endgültigen Maße der Füllungen (Fläche und Zugabe zum Einnuten) ganz genau übernehmen.

Holzdübel und Leim sorgen für festen Halt

Ein genauer Aufriß im Maßstab 1:1 ist als Grundlage zum Nachbauen dieser Babywiege unerläßlich. An ihm kann man die richtigen Kurven für die Kufen und die Kopfbretter kontrollieren. Man kann die Schmiegen für die Rahmenhölzer zwischen den schräg stehenden Beinstollen ermitteln und übertragen – nicht zuletzt auch die genauen Maße für die Füllungen, die ringsum 8 mm tief in die Rahmenhölzer und Beinstollen eingenutet werden müssen. Etwas Zeichenarbeit ist also schon erforderlich, damit das Werk perfekt gelingt. Aber auch an Elektrowerkzeugen darf es bei diesem Möbel nicht fehlen: einer Bohrmaschine, einer Tischkreissäge zum Zuschneiden von Füllungen und Rahmenhölzern, einer Stichsäge für die Kurvenschnitte und einer Oberfräse für die Nuten in den Wiegenstollen.

ist die werkstoffgerechte Bautechnik.

Die Form der Kufen *sägen Sie nach dem 1:1-Aufriß mit einer Stichsäge aus 18 mm dicken Leimholzplatten zu. Dann die Schnittkanten mit Schleifkork und Sandpapier nacharbeiten.*

Den Neigungswinkel *der Wiegenstollen können Sie auch am besten mit Hilfe der 1:1-Zeichnung festlegen und beim Ausstemmen der Kufenschlitze berücksichtigen.*

Die Nuten, *in denen die Füllungen Halt finden, müssen mit einem Nutfräser in der Oberfräse in die Stollen gefräst werden. Die Rahmenhölzer werden auf der Kreissäge genutet.*

Mit Holzdübeln und Leim *werden die Rahmenteile miteinander verbunden. Dübellöcher in die Stirnseiten der Hölzer bohren, Gegenpositionen mit Markern übertragen.*

Zwei Arbeitsschritte auf der Tischkreissäge sind nötig, um die Füllungen mit einem Profil zu versehen. Die Platten werden einmal flach, einmal aufrecht über den Sägetisch geführt.

Leimholz macht die Arbeit leicht

Mußten von unseren Vorvätern noch einzelne Bretter zu Platten zusammengeleimt werden, wenn man ein Möbel bauen wollte, so haben es Hobbyhandwerker und Tischler heutiger Tage wesentlich leichter. Sie können auf industriell hergestellte Leimholzplatten zurückgreifen, die in vielen schönen Holzarten von preiswert (z. B. in Fichte) bis edel und teuer (z. B. in Esche) zu haben sind. Auch verschiedene Dicken und Materialbreiten stehen hier zur Wahl, so daß man für beinahe jedes Möbelbauprojekt etwas Passendes finden kann.
Eines aber hat sich seit Großvaters Tagen nicht geändert: die Tatsache, daß massives Holz „arbeitet“, also abhängig von der

Zu einem Bauteil müssen Sie das obere Bogensegment, die Sprossen und das obere Rahmenquerstück verleimen. Die Sprossen aus 2 × 2-cm-Leisten mit Holzdübeln fixieren.

Das Kopf- oder Fußteil wird komplett, wenn man anschließend das Füllungsbrett einsetzt, den unteren Rahmen auf die Füllung steckt und alles mit den Wiegenholmen verleimt.

werden aus Leimholzplatten hergestellt.

herrschenden Raumtemperatur und Luftfeuchtigkeit schwindet oder sich ausdehnt. Da sich diese Eigenschaft ganz besonders bei zusammengeleimten Brettern bemerkbar macht (und Leimholz reagiert im Prinzip beinahe ebenso), sollte man bei Möbelkonstruktionen am besten auf eine traditionelle Bautechnik zurückgreifen, die den Brettern Spielraum läßt. Und das ist die Bautechnik mit Rahmen und Füllungen. Die Füllungen, in die massiveren Rahmenhölzer eingenutet oder auch nur durch Leisten gehalten, können auf Temperaturschwankungen reagieren, da sie nirgends fest fixiert sind. Und die Rahmen, untereinander durch Holzdübel und Leim verbunden, geben Stabilität.

Vier Knechte mit 120 cm Spannweite sollten Sie zur Verfügung haben, um den Wiegenkorpus fest zu verleimen. Leim nur an die Holzdübel angeben, Zwingen mit Zulagen versehen.

Die Wiegen-Seitenwände werden auf die gleiche Weise zusammengefügt. Verleimen sollte man nur die Rahmenhölzer. Die Füllungen, in die Nuten gesetzt, können „arbeiten".

Der Sperrholzboden, mit einer Anzahl Lüftungslöchern versehen, ruht auf Trageleisten, die mit den unteren Rahmenhölzern verleimt sind. Die Latexmatratze auf Maß zuschneiden.

Schnittholz: von der Bohle

Zum Glück müssen wir heute nicht erst Bäume fällen, um ein Möbel bauen oder die Wohnung mit Holz verkleiden zu können. Wir brauchen uns nur beim Holzhändler oder im Baumarkt umzusehen und können dort das gewünschte Material auswählen.

bis zur profilierten Leiste

Wer gern und oft mit Holz arbeitet, der möchte die Dinge, mit denen er umgeht, auch beim richtigen Namen nennen können. Denn der Holzhändler unterscheidet das Schnittholz nach seiner Dimension. Ein Balken z. B. muß eine Querschnittseite von mindestens 200 mm aufweisen. Kanthölzer haben einen quadratischen oder rechteckigen Querschnitt, bei dem eine Seite mindestens 60 mm messen muß und die große Querschnittseite höchstens dreimal so groß sein darf wie die kleine. Bei Kreuzhölzern, auch als Rahmen bezeichnet, muß der Kern des Stamms kreuzweise aufgeteilt sein und der Querschnitt der Fläche größer als 32 qcm sein. Als Latten bezeichnet man Hölzer mit einer Querschnittsfläche bis 32 qcm bei einer Breite bis 80 mm. Bohlen sind mindestens 40 mm dick. Eine ihrer Querschnittsseiten muß mindestens doppelt so groß sein wie die andere. Und alle Bretter haben eine Dicke von mindestens 8, aber weniger als 40 mm, eine Breite von nicht weniger als 80 mm. Wie man Holz zuschneidet: siehe nächste Seite.

So wird der **Baumstamm** im Sägewerk

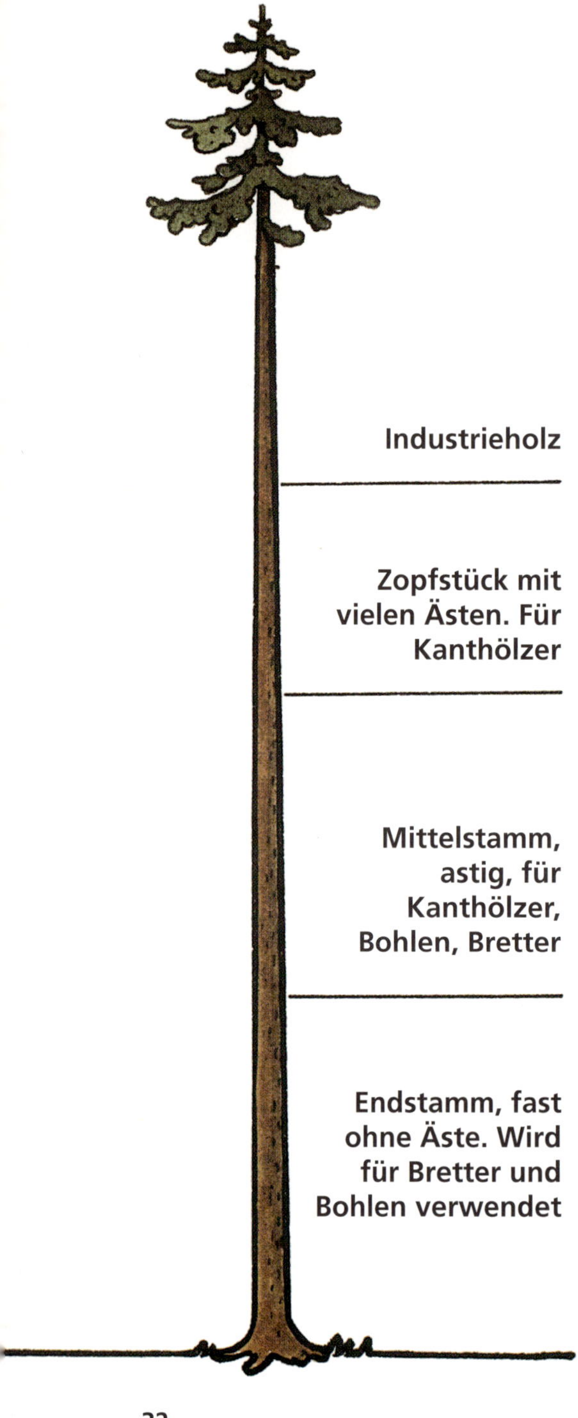

Auf den Zuschnitt kommt es an

Nicht alle Teile eines Baums kann man zu Bohlen, Brettern oder Konstruktionshölzern aufsägen, die wir für den Möbelbau verwenden. Die Grafik links auf dieser Seite zeigt, daß sich eigentlich nur die Hälfte eines Baustamms als Material zum Tischlern verarbeiten läßt. Das Stammstück oberhalb der Mitte, Zopfstück genannt, wird meist nur zu Kanthölzern aufgeschnitten. Und die Krone des Baums, meist dünn und mit besonders vielen Ästen ausgestattet, findet dann vielleicht in Form von Spänen in Ihren Spanplatten den Weg in Ihre Hobbywerkstatt. Sie wird nur zu sogenanntem Industrieholz verarbeitet.
Eines sollte jedem Heimwerker klar sein: Auch wenn das Holz aus deutschen Sägewerken nach bestem fachlichem Wissen verarbeitet und zugeschnitten wird – ein Brett wird nie wie das andere ausfallen, eine Bohle nie einer anderen gleichen. Denn Holz ist und bleibt ein „lebendiges“ Material, dessen Qualität auch von der Pflege, sprich Lagerung, abhängig ist.

So ist ein Baumstamm aufgebaut

Die äußere Schicht der Rinde ist die Borke. Sie schützt den Baum vor Kälte, Hitze und vor zu starker Verdunstung. Durch die innere Rinde, den Bast, laufen Versorgungsleitungen. Sie führen dem Baum die Nährstoffe zu. Das Kambium zwischen Rinde und dem Holz ist der wachsende Teil des Stamms. Splintholz sind die äußeren Jahresringe, als Kernholz bezeichnet man die feste Stammitte.

zum Balken, zur Bohle oder zum Brett.

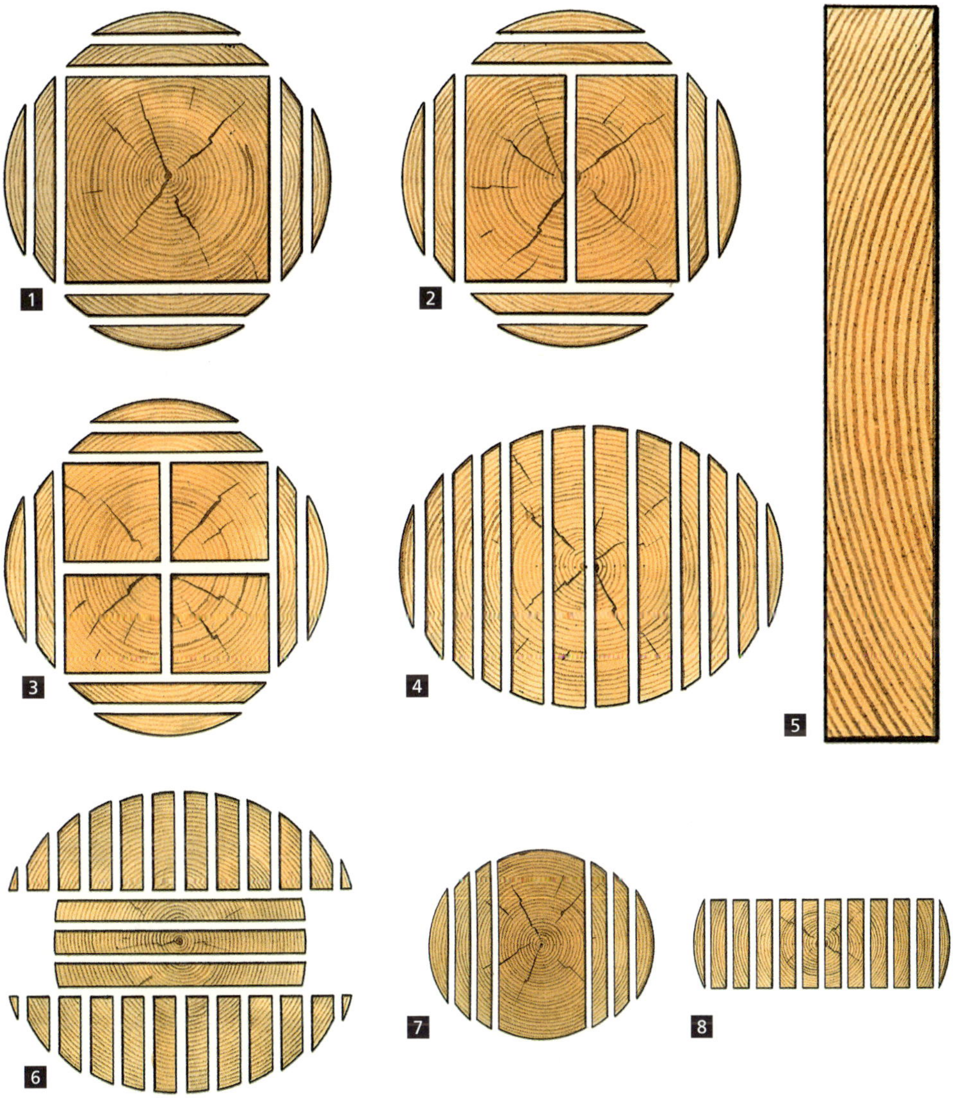

1 ***Ganzholz*** *enthält den gesamten Kernholzbereich eines Stammes.*
2 ***Für Halbholz*** *wird das Rundholz in der Stammachse aufgeschnitten.*
3 ***Bei Kreuzholz*** *ist das Rundholz im Kern kreuzweise aufgetrennt.*
4 ***Der Scharfschnitt*** *in nur einem Arbeitsgang liefert unbesäumte Bretter und Bohlen.*
5 ***Bei Brettern*** *mit liegenden Jahresringen ist die dem Herz zugewendete Seite die rechte, die dem Splint zuliegende die linke.*
6 ***Der Riftschnitt*** *ist am aufwendigsten.*
7 ***Beim Prismenschnitt*** *wird im ersten Durchgang abgeschwartet.*
8 ***Parallel besäumt*** *sind die Bretter nach dem zweiten Durchgang des Prismenschnitts.*

Spielzeugschrank und

Spielgerät: der Kletterturm

Klettergerüst und Rutsche haben alle Kinder gern. Und warum soll ein Spielturm nicht auch in der Wohnung stehen? Für viel Platz sorgt er außerdem.

Kinder braucht man gar nicht erst zu fragen: So ein Spielgerüst im Kinderzimmer ist garantiert das größte. Nach Herzenslust rutschen und klettern können sie sonst nur draußen auf dem Spielplatz. Doch in der Wohnung kommen solche Spielmittel selten in Frage, zu groß ist der Platzbedarf. Ganz anders unser Spielturm: Der beansprucht kaum mehr als anderthalb Quadratmeter Standfläche. Natürlich muß man lichten Raum hinzurechnen für die Leiter – schließlich kann man diese Seite nicht vor eine Wand stellen –, und auch die Rutsche beansprucht Platz. Doch bietet der Spielturm Ersatz für den „verlorengegangenen" Raum. Er hat nämlich enorm viel Platz zum Verstauen von Spielzeug: Ganze 16 große Stauboxen kann der Turm aufnehmen. Sie werden in Fächer eingeschoben, die den unteren Raum ausfüllen. Wo Platz keine Rolle spielt und Regale fürs Spielzeug ausreichend vorhanden sind, können die Boxenfächer entfallen. Für die Sicherheit trägt allein schon das Baumaterial Sorge: Die Konstruktion ist stabil und standsicher. Die Pfosten und Querhölzer des Aufbaus bilden eine Balustrade, die rundum durch Stoffbahnen – diese werden mittels Schlaufen in den Bahnen über die Rundhölzer gefädelt – gesichert wird. Und das massive Fichtenleimholz garantiert den Kindern jahrelangen Kletterspaß.

Von allen Seiten gut durchdacht: Neben Leiter und Rutsche befinden sich Fächer für Spielkisten. Die Rückseite des Spielturms bleibt glatt (oben). Steht der Turm frei, kann man die Garderobe dort anbringen, oder man rückt den Turm mit dieser Front an eine Wand.

Der Kletterturm entsteht aus **Leimholz:** gut

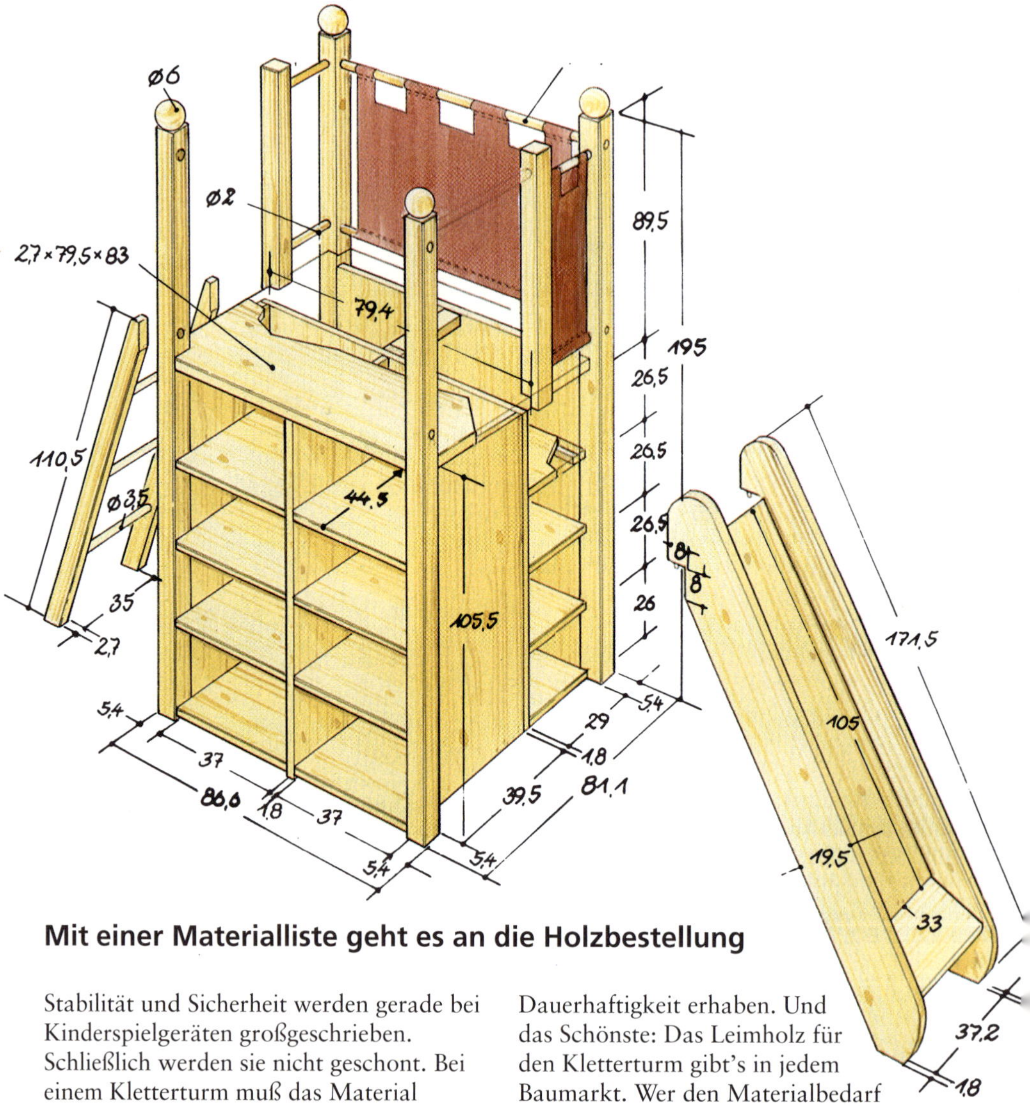

Mit einer Materialliste geht es an die Holzbestellung

Stabilität und Sicherheit werden gerade bei Kinderspielgeräten großgeschrieben. Schließlich werden sie nicht geschont. Bei einem Kletterturm muß das Material starken Kräften standhalten, und das über viele Jahre hinweg. Massives Holz ist da die beste Wahl, nicht zuletzt aber auch, weil es sich vom Heimwerker mit wenigen üblichen Handwerkzeugen und kleinen Elektrogeräten bearbeiten läßt. Sogenanntes Weichholz, das Holz von Kiefer oder Fichte zum Beispiel, eignet sich für den Selbermacher und ist, seiner Fachbezeichnung zum Trotz, über jeden Zweifel an Dauerhaftigkeit erhaben. Und das Schönste: Das Leimholz für den Kletterturm gibt's in jedem Baumarkt. Wer den Materialbedarf genau berechnet, kann sich alle Teile mit einer Bestelliste zuschneiden lassen oder selbst mit einer Tischkreissäge die erforderlichen Holzstücke sägen. Der Holzzuschnitt beginnt mit den Latten, aus denen die Pfosten zusammengeleimt werden. Die Rückwand des vorderen und hinteren Turmsegments muß aus zwei 40 cm breiten Platten zu einer 80 cm breiten Platte zusammengesetzt werden.

zu verarbeiten und griffig beim Spielen.

Die Pfosten, *vier lange, zwei kurze, werden je aus zwei Stücken zusammengeleimt: eine 27 mm dicke Platte in Streifen von 54 mm Breite.*

Zu Kanthölzern *von 54 × 54 mm Dicke werden die Plattenabschnitte verleimt. Mit Schraubzwingen pressen und gleichmäßig ablängen.*

Die Löcher *für die Stäbe der Balustrade gehen durchs Holz. Sie werden mit Forstnerbohrer gesetzt, Durchmesser oben 35, unten 20 mm.*

Die Böden *für die Schrankgefache werden verleimt. Mit dem Fräsvorsatz des Winkelschleifers Schlitze für die Flachdübel einsetzen.*

Die Schlitze *in Seiten- und Trennwand trifft man sicher, wenn man die Böden mit den eingesteckten Dübeln auf der Platte festklemmt.*

Ein Schrankteil *wird zusammengesetzt: Alle Wände, die Böden und die Pfosten ergeben ein Bauteil. Knechte fixieren das Werkstück.*

Alle Teile des Kletterturms werden solide verleimt:

Bei der Turmrückseite *wird die Rückwand mit den Pfosten verleimt. Dann Leisten anschrauben und die Böden von unten verschrauben.*

Eine aufrechte Strebe, *in der Mitte der Böden eingelassen und verschraubt, dient als Stütze. Auch hier halten Tragleisten die Böden.*

Der Turmunterbau *ist fertig, wenn man Vorderseite und Rückfront vereinigt und Strebe sowie Tragleisten mit der Wand verschraubt.*

Maßarbeit in Holz und Stoff

Ob alle Leimverbindungen mit Flach- oder mit Runddübeln ausgeführt werden, spielt für deren Stabilität kaum eine Rolle. Flachdübel haben den Vorteil, daß sie Toleranz für geringe Paßungenauigkeiten bieten, während Runddübel exakt eingesetzt werden müssen. Wenn man sich einen Fräsvorsatz für den Winkelschleifer oder eine Schattenfugensäge besorgen kann, erweist sich das Dübeln mit Lamellos, wie man Flachdübel auch nennt, sogar als praktikabler, da man die Bauteile noch ein wenig zurechtruckeln kann. Flachdübel kommen auch bei der Rutsche zum Einsatz, die oben im Podest eingehakt werden soll, selbstverständlich nicht wackeln darf und auch beim Auslauf mit beiden Beinen auf dem Boden stehen soll. Die übrigen Bauteile setzt man größtenteils mit Schraubverbindungen zusammen. Nicht minder heimwerkerische Fähigkeiten als beim Holzbau sind beim Nähen der Stoffbahnen verlangt, die das Podest umschließen und hier zusätzlich für Sicherheit sorgen. Werden sie aus strapazierfähigem Baumwollstoff und mit soliden Stichen genäht, halten sie den Tobereien der kleinen Kletterer sicher stand.

Auf einen Schutzanstrich kann man beim Naturmaterial Holz eigentlich verzichten, da der Kletterturm im Kinderzimmer ja nicht Wind und Wetter ausgesetzt ist. Jedoch dürften Hände und Füße Spuren hinterlassen. Deshalb bieten sich Holzlasuren auf Wasserbasis an, die das Holz versiegeln und einer gelegentlichen Reinigung mit feuchtem Lappen standhalten (lesen Sie zum Thema Farben im Kinderzimmer auch die Seiten 122 bis 125). Wachse sind ein ausreichender und völlig unschädlicher Holzschutz.

Das gibt **Sicherheit** und hält ewig.

Die Bodenplatte des Podests wird aus drei Plattenstreifen, Stärke 27 mm, verleimt. Zwingen von mehr als 90 cm Spannweite ansetzen.

Das Podest wird sauber ausgeklinkt, damit es zwischen den Pfosten eingefügt werden kann. Mit Schrauben am Unterbau fixieren.

Die Leiterholme bekommen Bohrungen von 35 mm Durchmesser für die Sprossen. Leim angeben und mit Zwingen zusammenfügen.

Die Wangen für die Rutsche: Sie werden aus 18 mm dicken Leimholz zugeschnitten. Das Rutschbrett wird mit Flachdübeln eingeleimt.

Das Brett am Auslauf der Rutsche wird sorgsam eingefügt. Hier darf nichts schief geraten! Unterlegbretter stabilisieren die Rutsche.

Holzkugeln bilden den Abschluß der Pfosten. Damit die Dübellöcher exakt mittig gebohrt werden, benutzt man ein Hilfsbrett mit Loch.

Möbelbauplatten und ihre

Wer heute Möbel bauen will, tut das nicht mehr mit Brettern, sondern fertigen Platten. Welche sich wofür am besten eignen, sollte man beim Einkauf wissen.

1 **Außensperrholz** ist ein wasserfest verleimtes Material, das für Werkstücke im Freien eingesetzt wird. Die Verleimart AW 100 signalisiert Allwettertauglichkeit.
2 **Sperrholz,** auch kurz FU (Furnierplatte) genannt, besteht aus mehreren Schichten Schälfurnier, das kreuzweise verleimt ist. Es ist maßhaltig und wird gerne für Rückwände, Schubfächer etc. verwendet.
3 **Multiplex-Platte** ist eine sehr hochwertige Sperrholzart, die aus besonders vielen Furnierlagen besteht und gerne – wegen der dekorativen Kanten – als Material für moderne Möbel verwendet wird.
4 **Hartfaserplatten** haben eine glatte Schichtseite und eine strukturierte Rückseite. Sie sind 3,2 mm dick und werden, besonders mit weiß beschichteter Frontseite, gerne als Möbelrückwände benutzt.
5 **MDF-Platten** wurden speziell für den Möbelbau entwickelt. Sie besitzen durch-

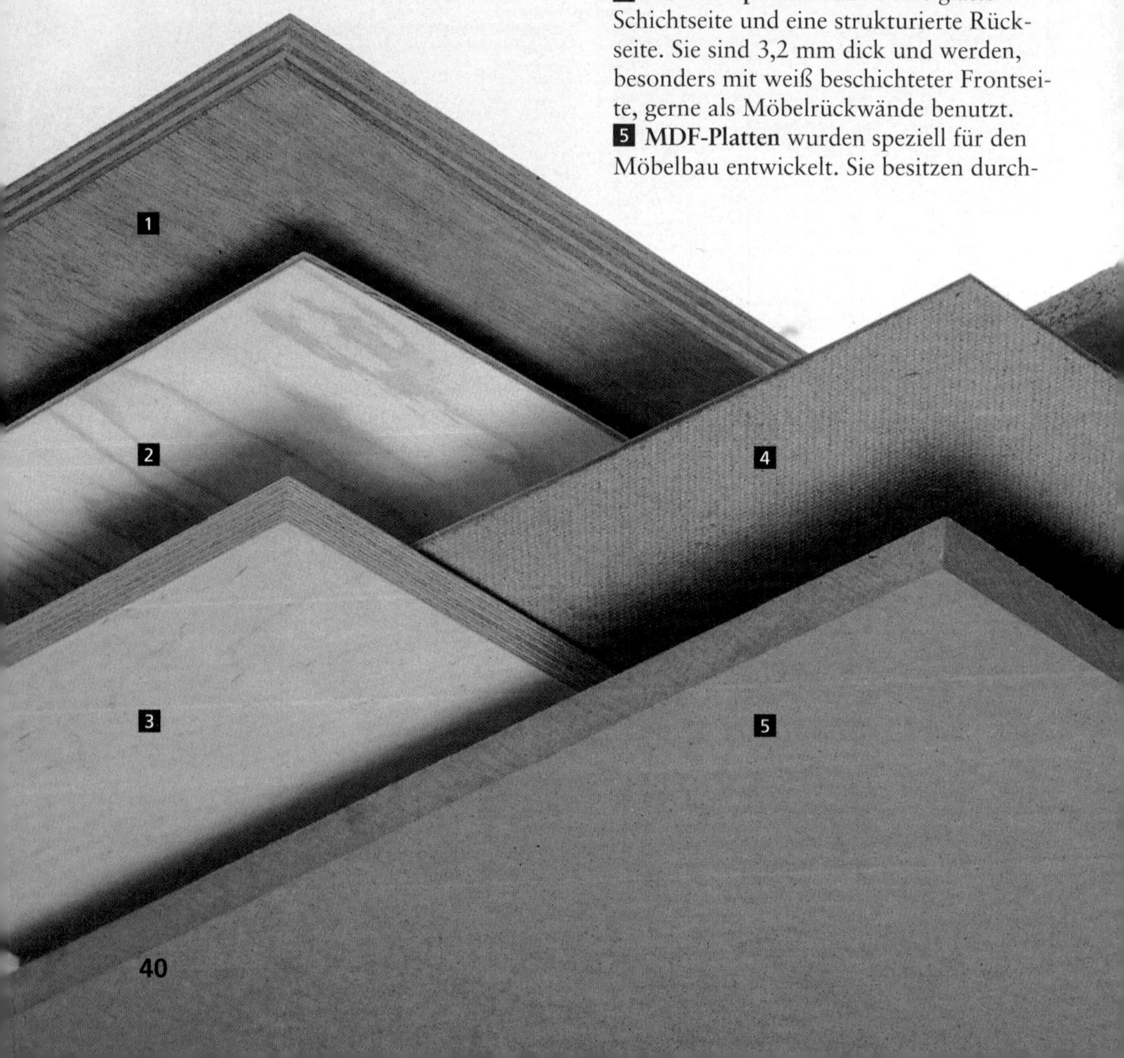

wichtigsten Eigenschaften

gehend die gleiche, feine Struktur und eignen sich hervorragend für Möbelflächen, die lackiert werden sollen.

6 Rohspanplatte besteht aus verleimten Holzspänen, die besonders zu den Flächen hin verdichtet sind. In E1-Qualität unbedenklich für den Möbelbau.

7 Beschichtete Spanplatte ist auf beiden Seiten mit einer weißen Melaminharzschicht versehen. Ein beliebtes Möbelbaumaterial, weil nur noch die Kanten bearbeitet, d. h. beschichtet werden müssen.

8 Spanplatte mit geformter Kante ist als vorgefertigtes Material für Türen oder Regalböden und Stollen sehr beliebt.

9 + 10 Edelleimholz- und Leimholzplatten sind Platten, die aus massiven Holzstäben mit wechselseitig angeordneten Jahresringen zusammengeleimt sind. Für Heimwerker das ideale Baumaterial für rustikale Möbel, die in klassischer Technik hergestellt werden sollen. Ob „edel" oder einfach, wird nur durch die dafür verwendeten Hölzer bestimmt.

11 Tischlerplatten sind Möbelbauverbundplatten, deren Mittelschicht aus Leisten, die Deckschicht aus Furnieren besteht.

Das Himmelbett: ein Platz

Gesund schlafen, entspannt den Tag beginnen: Wer möchte das nicht? In unserem Himmelbett kann dieser Wunsch wahr werden.

Wie man sich bettet, so liegt man – dieses alte Sprichwort hat auch heute noch seine Gültigkeit. Besonders wenn man bedenkt, daß jeder Mensch rund ein Drittel seines Lebens im Schlaf verbringt, scheint es nur allzu gerechtfertigt, die Schlafstatt so anheimelnd und komfortabel wie nur möglich zu gestalten.

Ein schönes, zeitloses Design des Bettes ist dabei ein Aspekt, den man beachten sollte. Mit einem Himmelbett, hinter dessen luftigen Tüllvorhängen man sich von der Außenwelt abschirmen kann, wird jeder Vater die halbwüchsige Tochter begeistern können. Schlummern wie eine Prinzessin im Märchen – ein schöner Wunsch, den zu erfüllen nicht mehr kostet, als man für ein Bettgestell aus dem Möbelhaus bezahlen muß. Vorausgesetzt, Vaters handwerkliches Talent ist nicht allzu verkümmert. Zum hölzernen Bettgestell gehört natürlich auch ein auf das Körpergewicht abgestimmter Lattenrost und eine nicht zu harte Matratze. Latex- oder Federkernmatratzen gelten als empfehlenswert. Sie entlasten die Bandscheiben und sie können Feuchtigkeit aufnehmen, aber auch wieder abgeben.

für unbeschwerte Träume

Hinter Wolken von Tüll fällt man leicht in einen tiefen und entspannenden Schlaf.

Das gesündeste **Baumaterial** für langlebige

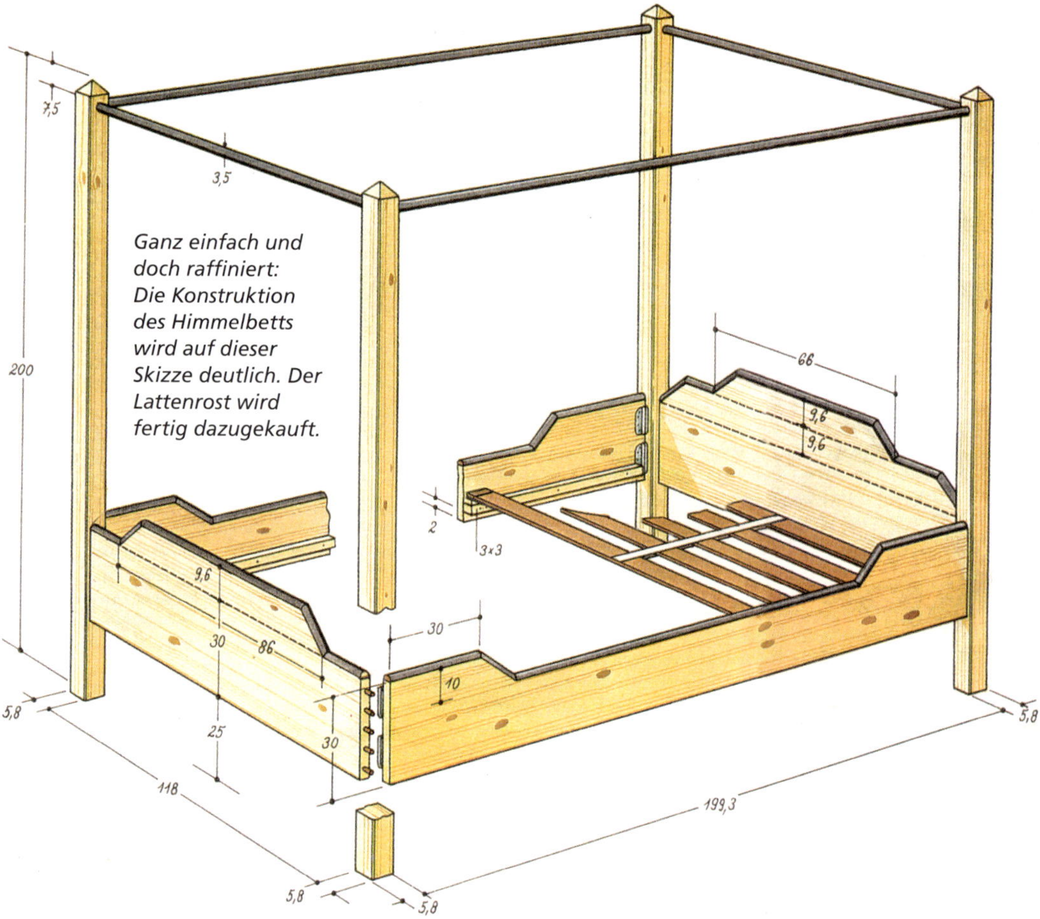

Ganz einfach und doch raffiniert: Die Konstruktion des Himmelbetts wird auf dieser Skizze deutlich. Der Lattenrost wird fertig dazugekauft.

Die Liegefläche dieses Bettes ist großzügig: 120 cm breit, 2 m lang

Ein Blick auf die Zeichnung verrät, wie einfach das Bettgestell konstruiert ist. Deshalb braucht man auch nur relativ wenige „Zutaten“, um es nachbauen zu können. Als Material für die beiden Seitenwände sowie für Kopf- und Fußteil reichen drei 240 cm lange, 30 cm breite und 28 mm dicke Leimholzplatten in Fichte. Die angeleimten Bretter auf Kopf- und Fußteil nämlich kann man aus den abfallenden, abgesenkten Ausschnitten der Bettseiten gewinnen. Vier gehobelte Pfosten, 58 × 58 mm dick und 2 m lang, braucht man zum Verbinden der Bettseiten und für den Baldachin. Damit man das Bett mit einem Vorhang versehen kann, braucht man 7 Meter Rundstab von 35 mm Durchmesser – und zum Verzieren der Rahmenoberkanten die gleiche Menge Halbrundstäbe, 30 mm dick. Was dann noch fehlt, sind zwei 2 m lange Auflageleisten (30 × 30 mm) für den Lattenrost sowie 8 Bettbeschläge, die sich zum Anschrauben eignen. Zusätzlich benötigen Sie Holzleim, Buchenholzdübel, Schrauben, schwarze Holzbeize sowie eine farblose Holzlasur. Das alles finden Sie in jedem gutsortierten Baumarkt.

Möbel ist immer noch massives Holz.

Mit der Handkreissäge *wird der Längsschnitt für die Einstiegsabsenkung mit einem Tauchschnitt in die Bettwangen gesägt. Danach den 45-Grad-Winkel sauber anzeichnen.*

Die Stichsäge *wird benutzt, um die beiden 45-Grad-Schnitte auszuführen und den geraden Schnitt bis in die Ecken fortzusetzen. Die Holzreste werden noch fürs Bett genutzt.*

Für das Kopfteil *des Bettes werden zwei der Reststücke passend zugeschnitten: eines auf 118 cm und eines auf 66 cm Breite. Zum Verleimen brauchen Sie acht Schraubzwingen.*

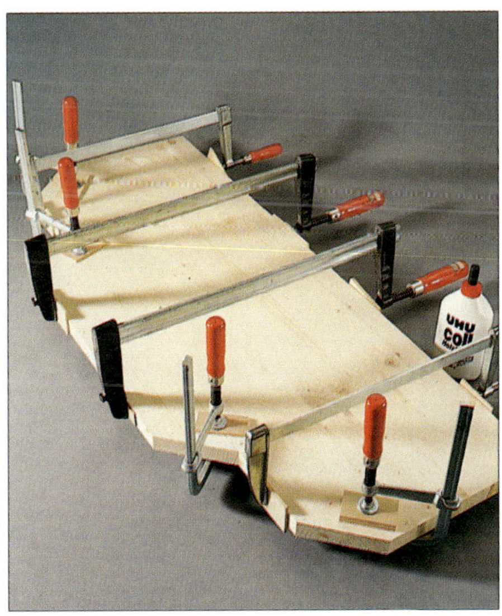

Mit Holzleim *bestreichen Sie die Kontaktflächen der beiden Brettaufsätze. Die Zwingen für die horizontale und vertikale Verspannung mit Zulageklötzchen unterlegen.*

Die Rundstäbe für den Baldachin und die Halbrundstäbe, die als Anleimer dienen, werden mit schwarzer Beize eingefärbt. Dann die Oberfläche mit einer Lasur nachbehandeln.

Paßarbeiten mit kleinem Trick

Auf den Arbeitsfotos können Sie verfolgen, welche Schritte für den Nachbau des Himmelbetts nötig sind. Damit aber auch das Äußere so gut aussieht wie auf unseren Fotos, muß man ein wenig mogeln. Denn die Kanten der halbrunden Anleimerleisten, vor dem Ansetzen schwarz gebeizt, stehen ein wenig über die Flanken der Bettseiten vor. Mit einem Schwingschleifer oder einfach nur einem Schleifkork und Sandpapier schleift man die Kanten plan, nachdem der Leim durchgehärtet ist. Die dabei unvermeidlichen Verletzungen der Beizschicht kann man mit einem wasserfesten Filzstift, z. B. dem Edding 3000, konturscharf nachretuschieren. Dann das Holz nochmals lasieren.

Mit einer Gehrungssäge, deren Schnittwinkel einstellbar ist, können Sie die Anleimerleisten exakt anpassen. Die Kontaktflächen mit Leim versehen, Leisten mit Klebeband sichern.

Mit einer Bohrlehre gelingt es Ihnen, die Dübellöcher an den Schmalseiten von Kopf- und Fußteil genau mittig ins Holz zu bohren. Der Bohrdurchmesser: 10 mm. Die Tiefe: 25 mm.

Eisenwaren-Fachhandel oder Baumarkt.

Mit Dübelmarkern *von 10 mm Durchmesser, in die vorher gebohrten Löcher gesteckt, können Sie die Bohrpunkte in den aufrechten, 58 × 58 mm dicken Bettpfosten ankörnen.*

Kopf- und Fußteil *des Bettes verleimen Sie einschließlich der oben eingelassenen Rundstäbe zu fertigen Bauteilen. Für den nötigen Druck sorgen Sie mit langen Spanngurten.*

Mit einem Forstnerbohrer *von 35 mm Durchmesser können Sie anschließend die Löcher für die um 90 Grad versetzt angeordneten langen Rundhölzer in die Pfosten bohren.*

Mit speziellen Bettbeschlägen, *die einfach nur angeschraubt werden, kann man das Bettgestell zusammenmontieren. Die langen Rundstäbe vorher in Position bringen.*

Einfach zum Wohlfühlen:

unser Landhaus-Einzelbett

Wer für schöne Möbel schwärmt, wird an diesem ländlichen Bett Gefallen finden. Die ausgewogene Form und dezente Ornamente sprechen für sich.

Massives Holz und zarte Linien: ein Schmuckstück für jeden Schlafraum.

Aus Hartfaserplatte: die **Formschablone**

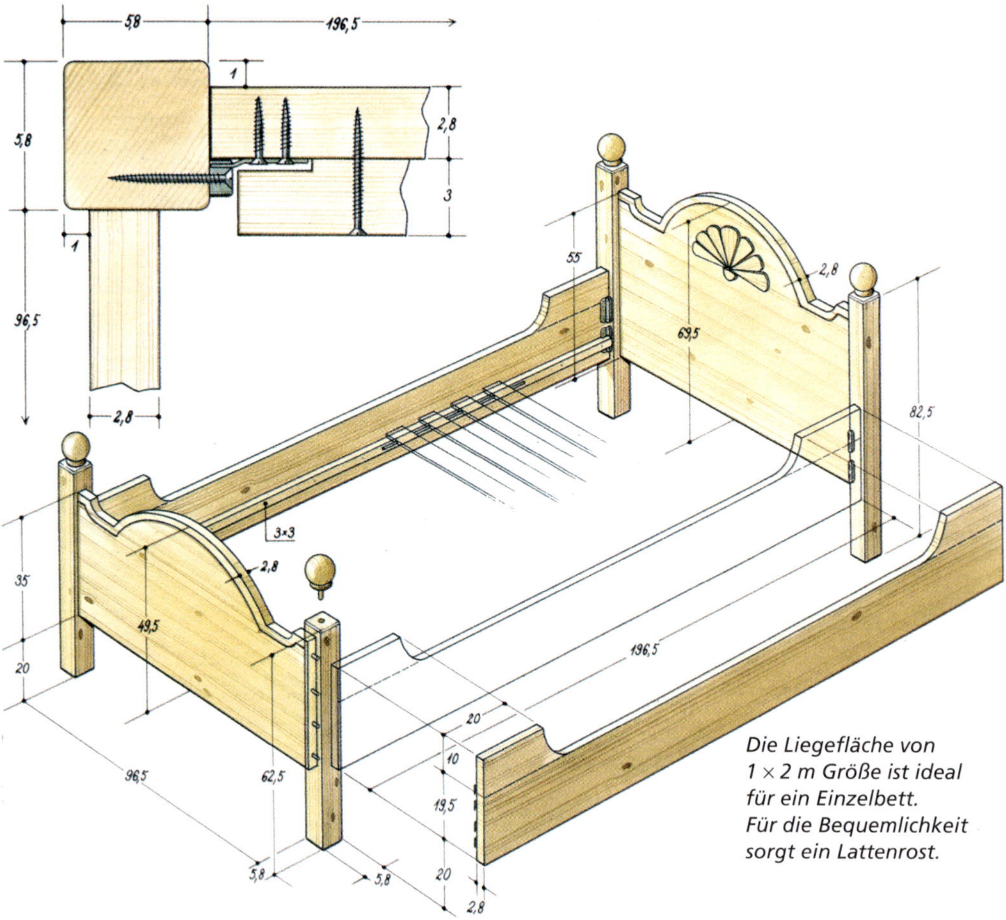

Die Liegefläche von 1 × 2 m Größe ist ideal für ein Einzelbett. Für die Bequemlichkeit sorgt ein Lattenrost.

Für die Formbestimmung wichtig: der Aufriß in natürlicher Größe

Wer ein Möbelstück ohne allzuviel Materialverschnitt herstellen möchte, muß sich gut überlegen, welche Plattenbreiten und Dimensionen er dafür einkauft. Das haben wir bei diesem Entwurf berücksichtigt – und sind trotz der Verwendung von 28 mm dicken Leimholzplatten auf einen Materialpreis von nur rund 300 Mark gekommen. Denn für das Kopf- und das Fußteil dieses Bettes reicht eine 60 cm breite, 240 cm lange Leimholzplatte in Fichte aus. Je ein Stück von 96,5 cm (dem Maß zwischen den Pfosten) wird davon abgesägt, dann vom Fußteil, das genau 49,5 cm hoch sein soll, noch einmal ein 10 cm breiter Plattenstreifen abgetrennt. Und den leimt man einfach auf das Kopfstück auf, damit dieses die Höhe von 69,5 cm erhält. Die Reste der Platte können verwendet werden, um als Eckstücke auf die Platten der Bettseiten geleimt zu werden.
Wie wichtig eine schöne Formgebung bei so einem Möbelstück ist, kann man auf dem Foto der Vorseite erkennen. Deshalb sollten Sie für die geschwungenen Linien von Kopf- und Fußteil (sie sind identisch!) einen Aufriß im Maßstab 1:1 anlegen und davon dann eine Zuschnittschablone.

zum Zuschneiden von Kopf- und Fußteil

Die Halbschablone aus dünnem Sperrholz oder Hartfaserplatte garantiert, daß die Kurven des Betthauptes fehlerfrei mit der Stichsäge zugeschnitten werden können.

Zum Fräsen der Ziernuten in Betthaupt und -fuß braucht man eine Schablone aus 12 mm Sperrholz. An Ihrem Rand kann die Oberfräse mitsamt dem V-Nut-Fräser geführt werden.

Ein Bohrständer hilft, die Bohrungen für die Holzdübelverbindungen genau lotrecht in die 58 × 58 mm dicken Bettpfosten zu bohren. Die Dübelpositionen vorher sauber anreißen.

Mit Weißleim versehen, werden die Platten von Kopf- und Fußteil mit den Pfosten verbunden. Zwei lange Knechte oder Spanngurte sorgen für den erforderlichen Druck.

Flüssiges **Holzwachs** verleiht den Flächen

Anschrauben und einhängen: *Mit diesen Beschlägen von Robbi ist es ganz einfach, die Bettseiten mit dem Kopf- und Fußteil zu verbinden. Man findet sie im Baumarkt.*

Gedrechselte Holzkugeln, *mit Leim und Dübeln auf die Bettpfosten gesteckt, bilden einen schönen Abschluß. Mit Wachs behandeln sollten Sie die Oberfläche erst zum Schluß.*

Auch schlichtes Holz ist schön

Daß man nicht immer das teuerste Baumaterial verwenden muß, um zu einem schönen Möbelstück zu kommen – dieses Landhausbett ist der beste Beweis dafür. Eine harmonische Formgebung, ein paar einfache Verzierungen und die kräftige Materialdimension von 28 mm geben diesem Bett seine besondere Note. Die Maserung des Holzes wird – nachdem die Platten mit einem feuchten Schwamm gewässert und nochmals fein geschliffen wurden – durch das Auftragen von flüssigem Möbelwachs hervorgehoben. Wer aber noch nie mit diesem leicht zu verarbeitenden Material zu tun gehabt hat, sollte vielleicht erst einmal eine Anstrichprobe auf einem Stück Abfallholz vornehmen. Dem Wachs nämlich haftet durch die darin enthaltenen Öle und Lösemittel ein starker Eigengeruch an, der nicht so schnell verfliegt. Gerade im Schlafraum kann das von empfindlichen Menschen als unangenehm empfunden werden. Die Alternative für den Oberflächenschutz könnte in einem wasserlöslichen Klarlack liegen, der sich nach dem Trocknen geruchsneutral verhält.
Zu diesem Bettmodell wäre noch zu sagen, daß es sich um eine Konstruktion handelt, die mit einfachsten handwerklichen Verbindungstechniken auskommt. Der Einsatz von Holzdübeln ist sehr effektiv und recht einfach zu handhaben. Bettbeschläge, die nur auf die Beinpfosten und die Bettseiten aufgeschraubt werden, aber trotzdem für eine stabile, feste und dabei lösbare Verbindung sorgen, machen den Nachbau sogar für ungeübte Hobbyhandwerker möglich. An Elektrowerkzeugen sollte man über eine Hand- oder Tischkreissäge verfügen, über eine Stichsäge

warmen Glanz und dauerhaften Schutz.

sowie über eine Bohrmaschine mit Bohrständer. Eine Oberfräse ist nötig, um die Ziernuten in Betthaupt und Fußteil zu fräsen. Steht die jedoch nicht zur Verfügung oder fehlt es an Erfahrung im Umgang mit diesem Werkzeug, könnte man die Bettelemente ebensogut mit aufgemalten Zierlinien in einem passenden Farbton verschönern. Am besten gelingt so etwas, wenn man die Konturen vorher mit Malerband sauber abklebt. Dann behält man nämlich die Kontrolle über die Strichstärke und wird nichts verpfuschen. Übrigens: Auch als Doppelbett macht sich dieses Möbel sehr gut. In dem Fall sollte man jedoch die innenliegenden Rahmenseiten ohne die Eckstücke herstellen.

Die stilisierten Blütenblätter, mit denen Kopf- und Fußteil verziert werden, sägt man aus einem dünnen Fichtenholzbrett aus. Die Stichsäge dafür im stationären Sägetisch fixieren.

Bauernmalerei: eine schöne Gestaltungsvariante

Wer hat nicht schon einmal während eines Bergurlaubs die behäbigen und dennoch schönen Möbel der bayrischen oder österreichischen Möbeltischler bewundert? Viele von ihnen sind mit reichen Schnitzornamenten verziert – eine Technik, die nur wenige Hobbyhandwerker beherrschen. Nicht minder schön wirken die Möbelstücke, die nach ländlicher Tradition mit kräftigen Farben und schlichten Motiven bemalt wurden. Vorlagen für solche bäuerlichen Motive finden sich in Büchern über Bauermalerei, die jede Bücherhalle führt. Wie man ein solches Möbel farbig ausgestalten kann, haben wir in diesem Buch auf den Seiten 116–121 ausführlich dargestellt und beschrieben.

Unschöne Äste oder Harzgallen in der Holzoberfläche kann man übrigens beseitigen, indem man sie mit einem Forstnerbohrer ausbohrt und vorgefertigte Pfropfen einleimt.

Von Anreißen bis Beschläge

Winkel und Winkelmeßgeräte: Vom Anlegewinkel bis zur Wasserwaage mit Zusatzausstattung für Schrägen ist alles da.

Ist das Werkstück im Winkel? Der klassische Anlege- oder Tischlerwinkel ist das richtige Werkzeug, um diese Frage zu klären.

Winkel von 90 und 45 Grad findet man oft auch als Anschlag bei den Griffen von Handsägen. Das Sägeblatt bildet hier den Schenkel.

einlassen: die Grundtechniken

Grundlage bei jeder Tischlerarbeit ist das Anreißen des Materials. Welche Hilfsmittel man dafür einsetzt, sehen Sie hier.

Je komplizierter ein Möbelstück konstruiert ist, desto wichtiger muß man die Aufgabe nehmen, die dazugehörigen Einzelteile und Werkstücke genau im Winkel anzureißen bzw. sie winkelgerecht zuzuschneiden. Der starre Anlegewinkel mit seiner unbestechlichen Rechtwinkligkeit ist dabei das wichtigste Hilfsmittel in der Hand des Tischlers. Aber auch genaue Gehrungswinkel mit exakt 45 Grad oder einstellbare Schmiegen sind unentbehrlich, um die eine oder andere Aufgabe bei der Holzbearbeitung lösen zu können: saubere, auf Gehrung gearbeitete Rahmenverbindungen z. B., wie sie auch bei den in diesem Buch dargestellten Möbeln anfallen. Oder aufwendige Kranzprofile, bei denen mit verschiedenen Schnittwinkeln gearbeitet werden muß, um schöne Ergebnisse zu erzielen. Für jede dieser Aufgaben gibt es passende Hilfsmittel.

Mit einer Paßleiste kann man prüfen, ob quadratische Werkstücke im Winkel sind; die Diagonalen sind dann gleich lang.

Bei Vielecken werden die Linien mit Hilfe der Schmiege angerissen. Teilt man 180 Grad durch die Anzahl der Ecken, steht deren Winkel fest.

Ein feststehendes Gehrungsmaß ist das richtige Werkzeug, um die Schnittlinien von Rahmenecken anzureißen oder um sie zu prüfen.

Der Zentrierwinkel dient dazu, den Mittelpunkt von Rundmaterial zu bestimmen. Die sich kreuzenden Linien bilden das Zentrum.

Mit diesen **Sägehilfen** machen Sie stets

Spezielle Führungsschienen werden als Sonderzubehör von verschiedenen Herstellerfirmen angeboten. Man spannt sie am Werkstück fest.

Die Stichsäge kann mit einer Führungseinrichtung ebenso an der profilierten Schiene geführt werden wie die Handkreissäge oben.

Ein langes Lineal kann auch als Anschlag für einen geraden Sägeschnitt dienen. Das Lineal mit Zwingen winkelgerecht fixieren.

einen guten und geraden Schnitt.

Wer beim Tischlern nur auf Handkreissäge oder Stichsäge angewiesen ist, sollte beim Zuschnitt einfache Hilfsmittel verwenden.

Nicht jeder Selbermacher hat gleich zu Beginn seiner Hobbykarriere das Glück, über eine Tischkreissäge mit perfektem Längs- und Queranschlag oder sogar einem Winkelanschlag zu verfügen. Meist muß man sich gerade zu einer Zeit, wo die Übung ebenso fehlt wie die Erfahrung, mit recht unzulänglichen Werkzeugen begnügen. Mit ein paar einfachen Hilfsmitteln, die man z. B. als Zusatzausrüstung zu dem gewählten Werkzeugfabrikat erwerben kann, kommt man aber zu recht ordentlichen Arbeitsergebnissen. Immer vorausgesetzt, man hat das Material sorgfältig angerissen und markiert, hilft oft schon das Zweckentfremden z. B. eines langen Lineals oder eines Winkelprofils, um zu einem exakten Sägeschnitt (und damit später zu einem perfekten Möbel) zu kommen. Unsere Fotos zeigen, wie so etwas gehen kann.

Besonders einfach: *Ein breiter, beschichteter Plattenstreifen, mit Schraubzwingen festgespannt, gibt hier die sichere Führung.*

Zum Kürzen von Regalböden *läßt sich ein versetzt angeordneter Boden als Führung für die Stichsägen-Grundplatte nutzen.*

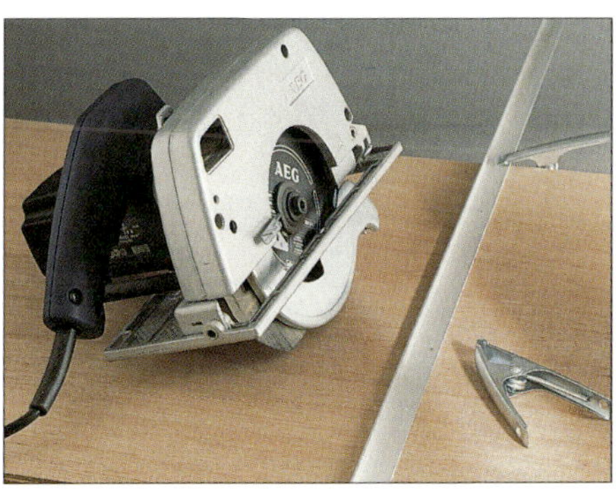

Gleiches Prinzip, *anderes Hilfsmittel: Hier dient ein Winkelprofil aus Aluminium, mit Schleifpapier unterklebt, als Sägeführung.*

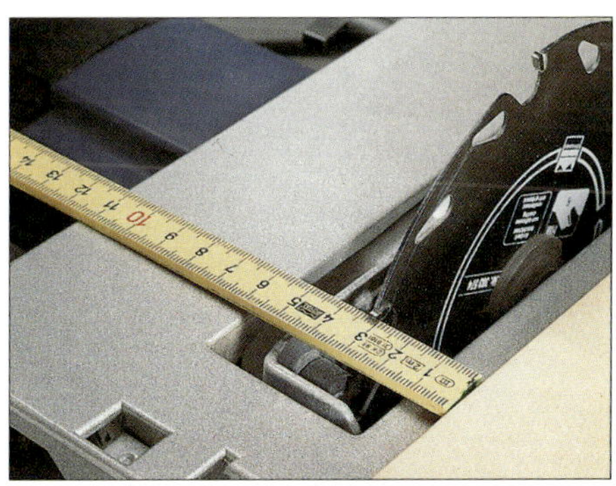

Mit einem Hilfsklotz *kann man den Überstand der Kreissägen-Grundplatte einschließlich der Sägeblattstärke genau ermitteln.*

Ein guter **Handhobel** ist für den Bau von

Auf die Einstellung des Hobeleisens kommt es an, damit beim Aushobeln der Fläche lange, gelockte Späne fliegen.

Eine Beilage aus Abfallholz *sorgt beim Hobeln schmaler Brettkanten für eine sichere, kippfreie Auflage der Hobelsohle.*

Mit gleichmäßigem Druck *und ohne zu kippeln, muß der Hobel über das Holz geführt werden, soll die Kante nicht rund geraten.*

Der Hobel ist das Zunftzeichen des Tischlers – und trotz modernster Elektrowerkzeuge sollte er in keiner Werkstatt fehlen.

Der Handhobel ist ein Werkzeug, bei dessen Anschaffung man nicht knausern sollte. Denn bei diesem Gerät kommt es auf äußerste Präzision, auf gute Handhabbarkeit und auf exzellent geschliffene Hobelmesser aus hochwertigem Stahl an, wenn es seine Aufgabe richtig erfüllen soll. Hobbyhandwerker sind in der Regel mit zwei der vielen verschiedenen Hobeltypen gut bedient: einem Schropphobel für grobe und einem Putzhobel für feine Arbeiten. Viele Benutzer haben aber oft Schwierigkeiten damit, das Hobeleisen mit Hammer und Holzkeil so genau einzustellen, wie es nötig ist. Hier kann man sich mit dem Erwerb eines zwar teuren, aber sehr sinnvollen Präzisionshobels weiterhelfen, dessen Eisen sich über Einstellschrauben millimetergenau justieren lassen. Von Billighobeln sollte jeder Hobbyhandwerker die Finger lassen!

Der Schropphobel ist das Werkzeug fürs Grobe. Mit diesem Hobel lassen sich auch dickere Holzschichten in einem Zug abtragen.

Auf kurzen Flächen erzielt man mit einem scharfen Putzhobel absolut glatte, seidig glänzende Holzoberflächen: Feinarbeit!

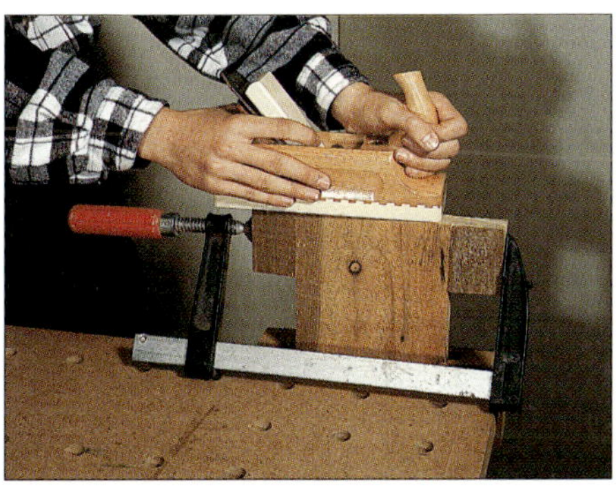

Beim Bestoßen von Hirnholzflächen sollte man beiderseits Restholzstücke einspannen, die ein Reißen der Holzkanten verhindern.

Bei langen Flächen bietet die Rauhbank durch ihre lange Auflagefläche Vorteile. Man kann sie sogar gegen die Faser führen.

Mit dem **Stechbeitel** werden Aussparungen

Das Anreißen des Zapfens geschieht mit einem Streichmaß. Das Holz ringsum bis zur Brustlinie einkerben.

In einer Schneidlade sägt man die Brustlinien bis zum Anriß ein. Die Schneidlade führt das Sägeblatt und sorgt für senkrechte Schnitte.

Ist der Zapfen ausgesägt, prüft man das Schlitzmaß, indem man den Zapfen senkrecht auf den Gegenholm drückt. Dann anreißen.

für Schlitz- und Zapfenverbindungen hergestellt.

Das exakte Ausstemmen von Holz gehört zu den Grundtechniken. Man sollte sie üben – auch, wenn man die Verbindung nie nutzt.

Der richtige Umgang mit dem Stechbeitel (oder Stecheisen) muß geübt werden, denn beim Tischlern von Möbelstücken kommt es immer wieder darauf an, daß man dieses Werkzeug richtig beherrscht. Zum Beispiel, wenn ein belastbares Tischuntergestell gebaut werden soll, eine stabile Rahmenverbindung entstehen oder wenn massive Beschläge sauber ins Holz eingelassen werden müssen. Selbst wenn man sich nur zur Probe an so eine Schlitz- und Zapfenverbindung heranwagt, kommt es auf sauberes Anreißen, paßgenaues Zusägen und exaktes Führen des Beitels an, wenn die Verbindung stramm und ohne zuviel Spiel zusammenpassen soll. Zum richtigen Tischlern sollte man über einen Satz von Stecheisen unterschiedlicher Breite verfügen, um allen Aufgaben gerecht werden zu können. Und haarscharf geschliffen müssen sie sein!

***Das Stecheisen** sollte genau der Schlitzbreite entsprechen. Man beginnt mit dem Ausstemmen des Schlitzes auf Mitte des Abfallholzes.*

***Ist die halbe Tiefe erreicht,** wird die Kante exakt senkrecht abgestochen. Das Werkstück wenden und von der Gegenseite arbeiten.*

***Die Wandungen des Schlitzes** können nun mit der flach geführten Schneide des Eisens, evtl. auch mit einer Feile, geglättet werden.*

***Schlitz und Zapfen passen zusammen:** eine stabile Verbindung, die für Rahmen, Zargen oder für tragende Bauteile eingesetzt wird.*

Beim Einlassen von **Beschlägen** kommt es

Edles Material, fein polierte Oberflächen: Beschläge wie Möbelbänder oder Schlösser verlangen beim Einbauen Sorgfalt und Können.

__Ist das Holz breiter__ als der Scharnierlappen, wird angerissen und bis zum Riß von der Kante her eingesägt. Dann die Fläche ausräumen.

__Bei sehr schmalen Lappen__ kann man nicht einsägen. Die Position anreißen, das Holz mit dem Stecheisen unterteilen, dann ausräumen.

besonders auf das „Gewußt wie" an.

Sauber eingelassene Beschläge erfüllen praktische Aufgaben beim Möbel, prägen aber auch das Erscheinungsbild.

Vorwiegend beim Bau von anspruchsvollen Möbeln, die nicht nur einen hohen Gebrauchswert haben, sondern auch zu einem Schmuckstück im Wohnraum werden sollen, greift man zu Beschlägen, die ins Holz eingelassen werden müssen. Sie sind qualitativ hochwertig und erfüllen auch ästhetische Ansprüche, vorausgesetzt, man gibt sich beim Einbau Mühe. Denn sitzen sie nicht stramm und exakt in ihren Aussparungen, kann die Funktion leiden. Hat man sie nicht tief genug eingelassen, bleibt z. B. zwischen Korpus und Tür ein zu breiter Spalt. Sind die Aussparungen aber zu tief ausgestemmt worden, federn Tür oder Klappe zurück, und es besteht die Gefahr, daß die Befestigungsschrauben aus dem Holz herausreißen. Präzision ist also bei dieser Arbeit oberstes Gebot – und ohne die richtigen Hilfsmittel kommt man nicht zum Ziel.

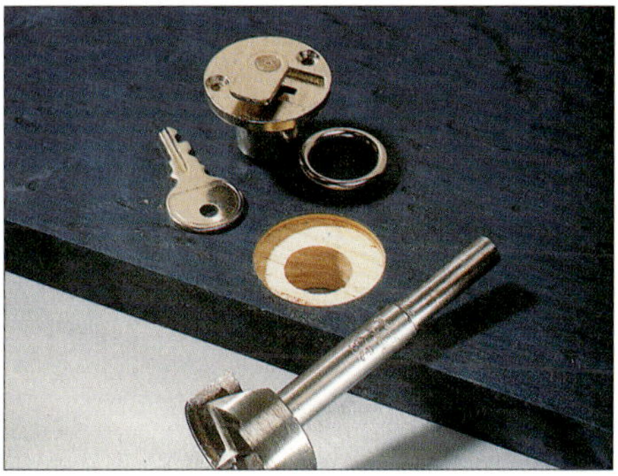

Saubere Aussparungen erhält man auch bei furnierten Möbelplatten. Ein Forstnerbohrer mit scharfen Schnittflächen macht's möglich.

Mit einem Falzfräser kann man sogar die dünnen Lappen eines Stangenscharniers im Holz einlassen – allerdings nur vor der Montage.

Topfbänder kann man mit genau passenden Forstnerbohrern (meist 26 bzw. 35 mm Durchmesser) unter dem Bohrständer einlassen.

Der Anlegewinkel ist (neben dem Streichmaß) das wichtigste Werkzeug, um Sitz und Länge eines Scharniers am Werkstück zu markieren.

Winkel und Streichmaß sind unentbehrlich.

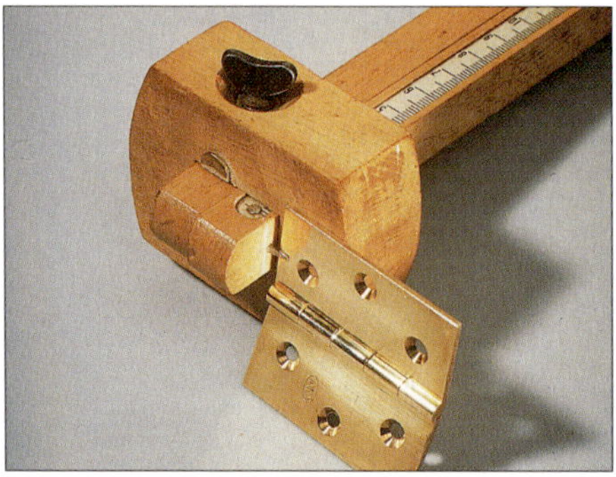

***Die Einlaßtiefe** des Scharnierlappens wird mit dem Streichmaß am Material abgegriffen, dann durch Anreißen aufs Holz übertragen.*

Zuerst die Position festlegen

Um zu markieren, wo der Beschlag sitzen soll, wird er zuvor als Schablone eingesetzt. Länge und Breite des Scharnierlappens werden mit Bleistift auf dem Holz angerissen, die Tiefe des Aussparung aber besser mit einem Streichmaß. Anschließend wird das auszuhebende Holz in kurzen Abständen eingesägt oder mit dem Stecheisen eingestemmt. Das abfallende Holz mit dem Stecheisen sauber ausheben.

***Mit einer Feinsäge** schneidet man die Kante in kurzen Abständen bis zur markierten Linie ein und trägt das Holz mit dem Beitel ab.*

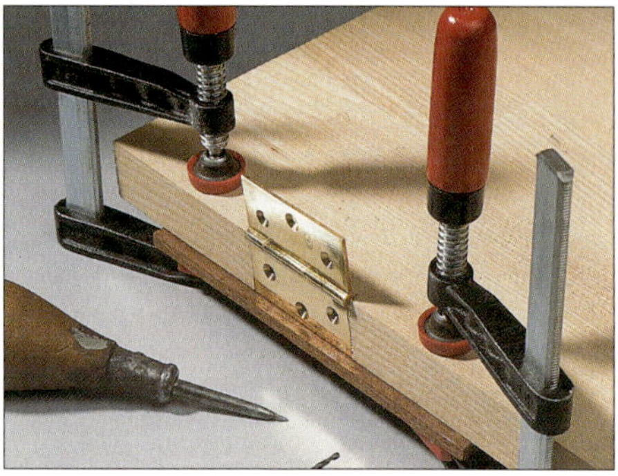

***Zum Vorbohren** der Schraubenlöcher und zum randbündigen Anschrauben des Scharniers wird eine Hilfsleiste untergespannt.*

***Den Sitz des zweiten Scharnierlappens** kann man markieren, wenn man das Holz daneben festspannt und die Position überträgt.*

***Welches Scharnier wo sitzt,** wird mit Filzstift auf Holz und Scharnierrückseite markiert. Die Bohrungen fallen oft unterschiedlich aus!*

Henkel MIT DER QUALITÄT VON HENKEL
Ponal – der Holzleim.
Bauen, basteln, reparieren.
Ponal - hat sich nunmehr seit fast 40 Jahren als echter Spezialist für die Verklebung von Holz und Holzwerkstoffen bewährt.
Tradition und Innovation sind dabei stets eng verbunden - so wie das Holz mit Ponal.
Ponal
express
Henkel
Ponal - so stark wie Holz.

Sammlerschränkchen: Hier

Ob für schönes Geschirr oder seltene Sammelstücke: Wo's ums Präsentieren geht, ist dieses Schränkchen richtig!

kommt die Eiche zu Ehren.

Nicht alles, was Blicke auf sich zieht, beeindruckt durch Größe. Bei diesem Möbel geben Formgebung und Material den Ton an.

Eiche galt schon seit jeher als Inbegriff von Solidität und Festigkeit. Ein Material, das dem Meister vorbehalten war – besonders, wenn es sich um eichefurnierte Tischlerplatte handelte. Denn das schön gemaserte Deckfurnier ist nur etwa 0,4 mm dick – und somit äußerst empfindlich. Ein Nacharbeiten, sprich Hobeln oder Schleifen z. B. der massiven Anleimerleisten, ist so gut wie ausgeschlossen, ohne diese Furnierschicht zu beschädigen. Wenn Sie sich an so eine anspruchsvolle Tischlerarbeit wagen wollen, gehen Sie für den Materialeinkauf am besten gleich zum Holzhändler und versuchen, die benötigten Platten im Anschnitt zu bekommen. Mit etwas Glück erhalten Sie dort auch die passenden massiven Leisten für Rahmen und Anleimerleisten.

Im Winkel von 45 Grad werden die kleinen, vorderen Ecken vom Ober- und Unterboden abgetrennt. Dünnes Sperrholz unterlegen!

Auf einer beschichteten Platte spannt man die kurzen Anleimer fest. Die lange Leiste, auf Schmiege zugesägt, bündig anleimen.

Beschnitten wird die Plattenkante, nachdem auch die kurzen Leisten angeleimt sind. Queranschlag dafür mit Anlagewinkel versehen.

Bei der Materialwahl auf den **Holzton** achten:

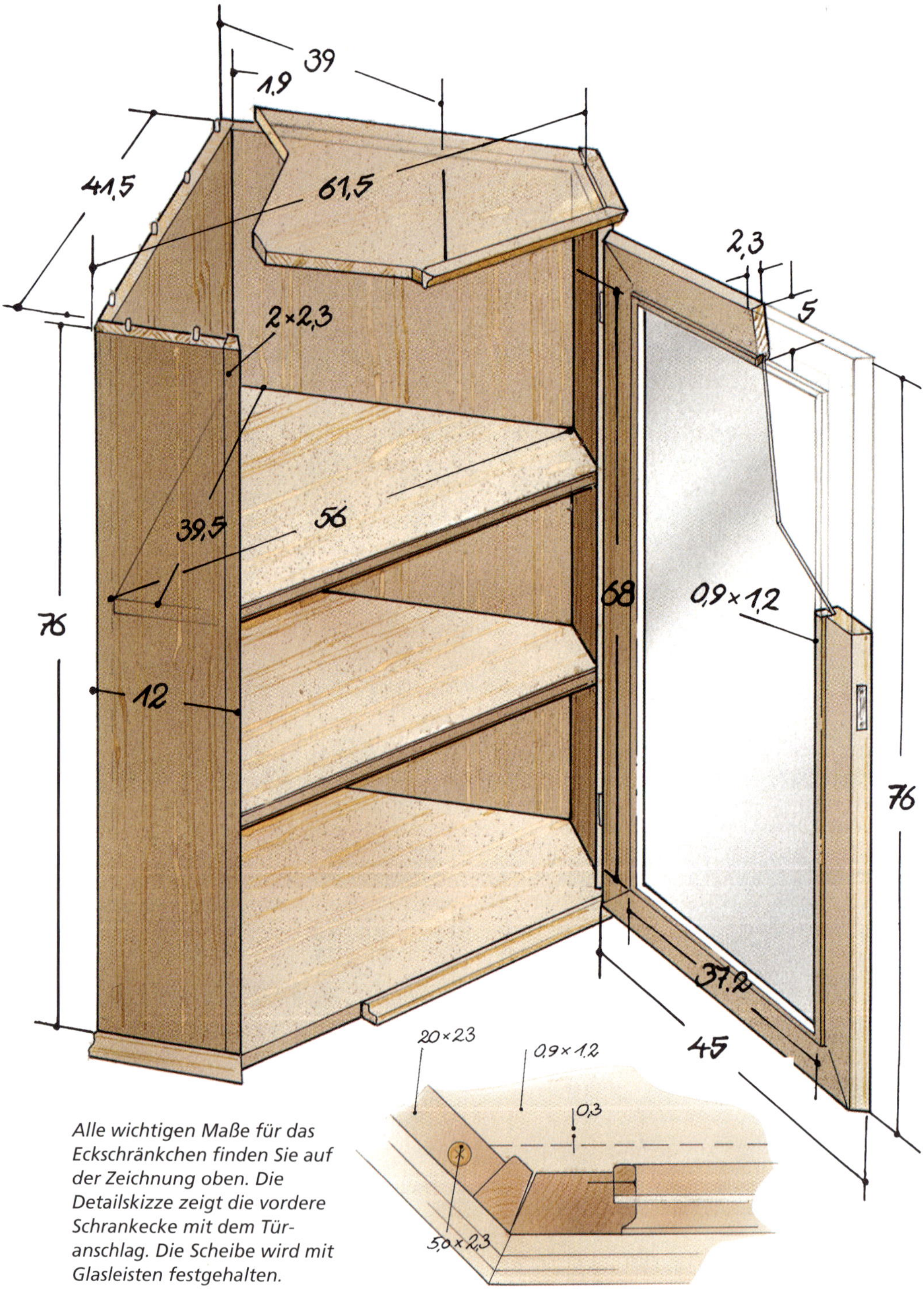

Alle wichtigen Maße für das Eckschränkchen finden Sie auf der Zeichnung oben. Die Detailskizze zeigt die vordere Schrankecke mit dem Türanschlag. Die Scheibe wird mit Glasleisten festgehalten.

Kleine Tricks bringen Erfolg

Auch wenn das Hängeschränkchen nicht besonders kompliziert aufgebaut ist: Möchten Sie es perfekt nachbauen, sollten Sie ein paar Kniffe beherzigen, die das Gelingen leichter machen. Schon beim Zuschneiden der Tischlerplatte sorgt eine untergelegte dünne Sperrholzplatte dafür, daß keine Furniersplitter ausreißen. Gegen Holzsplitter hilft auch der Sägeanschlag, den wir auf dem letzten Foto der Vorseite gezeigt haben: Das Holz hinter der Anleimerleiste dient allein diesem Zweck. Ebenso die dünnen Restholzstreifen, die beim Zuschneiden der Rahmengehrungen hinter bzw. unter das massive Rahmenholz gelegt wurden (siehe Foto am Fuß dieser Seite).

Auch bei den Anleimerleisten an Ober- und Unterboden kommt es auf äußerste Schnittpräzision an. Die vorderen Ecken der rechtwinkligen Platten werden auf der Tischkreissäge so abgelängt, daß eine gerade Vorderkante von 44,8 cm verbleibt. Die Stöße der Anleimerleisten schneiden Sie mit der einstellbaren Gehrungssäge auf Schmiege zu. Auf einer beschichteten Hilfsplatte, die ringsum etwa 4 cm größer ist als der Boden, spannen Sie diesen mit zwei Zwingen fest. Die beiden kurzen Anleimer werden passend zum Boden ausgerichtet und mit Zwingen fixiert. Danach kann man die lange Anleimerleiste exakt einpassen und gegen die Vorderkante des Bodens leimen. Sie liegt unten plan zum Boden, steht aber oben um 4 mm über. Anschließend leimen Sie die beiden kurzen Vorleimerleisten an den Seitenflächen an. Die nach hinten überstehenden Enden können samt der rückwärtigen Kante bündig auf der Tischkreissäge auf das Endmaß beschnitten werden.

Auf die Stoßfuge ausgerichtet wird die Vorderkante des Schrankseitenteils. Den richtigen Abstand gibt eine Anschlagleiste vor.

Das Einlassen der Bänder nehmen Sie vor, nachdem Sie die Anleimerleiste des Seitenteils auf Schmiege zugeschnitten haben.

Einen sauberen Gehrungsschnitt bei den Rahmenleisten erhalten Sie, wenn Sie den Sägeanschlag mit Restholz hinter- und unterlegen.

Mit Gehrungsklammern den Rahmen verleimen (unten), auf der Kreissäge über Eck schlitzen (Mitte), Sperrholzfeder einleimen (oben).

Eine Schneidlade, aus Leisten und Plattenresten verleimt, brauchen Sie, um die Ecken der Rahmen auf der Kreissäge zu schlitzen.

Eine Hilfsplatte, in den Glasfalz des Rahmens eingepaßt, verhindert ein Durchbiegen des Rahmens beim Anpassen der Türschmiegen.

Sperrholzfedern geben Halt

Auch beim Bauen des Rahmens für die Glastür werden Hilfsmittel eingesetzt, mit denen das Arbeitsergebnis perfekter ausfällt. Die Rechteckleisten werden zunächst auf dem Frästisch mit einem schönen Zierprofil versehen, bevor man die Rahmenhölzer auf Gehrung zupaßt und anschließend verleimt. Mit Hilfe einer Schneidlade, die genau der Rahmendimension entspricht und aus Restholz zusammengeleimt wird (Foto Mitte), kann man die Rahmenecken gefahrlos im Winkel von 45 Grad über die Kreissäge führen, um einen Schlitz von 6 mm Breite einzusägen. Die Ecken der Schlitze mit einem schmalen Beitel nachstechen, dann aus Vollholz zugeschnittene Federn diagonal einleimen, deren überstehende Ecken nach dem Trocknen mit einer Feinsäge abgeschnitten werden. Auf diese Weise werden die Rahmenverbindungen besonders stabil und belastbar.
Das kommt Ihnen schon zugute, wenn Sie die Rahmenschmiege links und rechts an die ebenfalls auf Schmiege zugesägten Anleimerleisten der beiden kurzen Schrankseiten anpassen wollen. Einen groben Zuschnitt können Sie auf der Tischkreissäge (mit entsprechend eingestelltem Sägeblatt) vornehmen. Die Feinarbeit aber verlangt ein Aushobeln der beiden Rahmenhölzer von Hand. Übrigens: Beim Einstiften der Glasleisten wird der Hammerkopf, mit etwas Tape umwickelt, flach über die Glasscheibe geführt.
Vorher jedoch sollten Sie die Holzoberfläche wässern, fein schleifen und mit Holzwachs, Beize oder einem Porenfüller endbehandeln. Im Bild rechts außen sind drei der vielen Möglichkeiten gezeigt.

drei Arbeitsschritten hergestellt.

Das Fräsen der Profile *geschieht mit Hilfe der Oberfräse. Das Werkzeug im Frästisch einspannen, mit der rechten Ecke beginnen.*

Ein Fräser, vier Profile: *Das gelingt auch Ihnen. Von links: Glasleiste, Türrahmenprofil, Profile Oberboden sowie Einlegeboden.*

Flüssiges Holzwachs, *mit einem Tuch vorm Verleimen aufgetragen, schützt das Holz und betont die Maserung. Bürsten bringt Glanz.*

Die Glasscheibe, *in den Falz der Türrückseite eingelegt, wird durch Glasleisten und Messingstifte festgehalten. Vorsichtig hämmern!*

Verleimt *wird der Korpus mit drei Knechten, die mehr als 100 cm Spannweite haben müssen (links). Oben: Oberflächenvarianten.*

Die Schubladenkommode:

Stauraum kann man nie genug haben. Besonders, wenn er so attraktiv daherkommt wie mit unserer Schubladenkommode.

Wohlgestaltete Kommoden sollten etwas Solides haben: nicht zu sparsam in der Materialdimension – und handwerklich makellos verarbeitet. Das war auch die Maxime bei Entwurf und Herstellung dieses Möbels. So wurde, mit Ausnahme von Rückwand und Schubkastenböden, nur massives Leimholz in Fichte dafür verarbeitet. Die einzige Konzession wurde für eine leichtere Handhabung der Schubfächer gemacht: Hier sorgen moderne Kugel-Vollauszüge dafür, daß man die Laden in voller Länge herausziehen kann.

Zum präzisen Zuschnitt der 27 bzw. 18 mm dicken Leimholzplatten muß die Kreissäge genau geführt werden können. Ein Kapp- und Frästisch erfüllt diese Aufgabe bestens.

ein Möbel zum Vorzeigen

Einen schönen warmen Ton zeigt das schlichte Fichtenholz nach einer sorgfältigen Behandlung mit Holzwachs.

Die Kommodenseiten: doppelwandige **Stollen,**

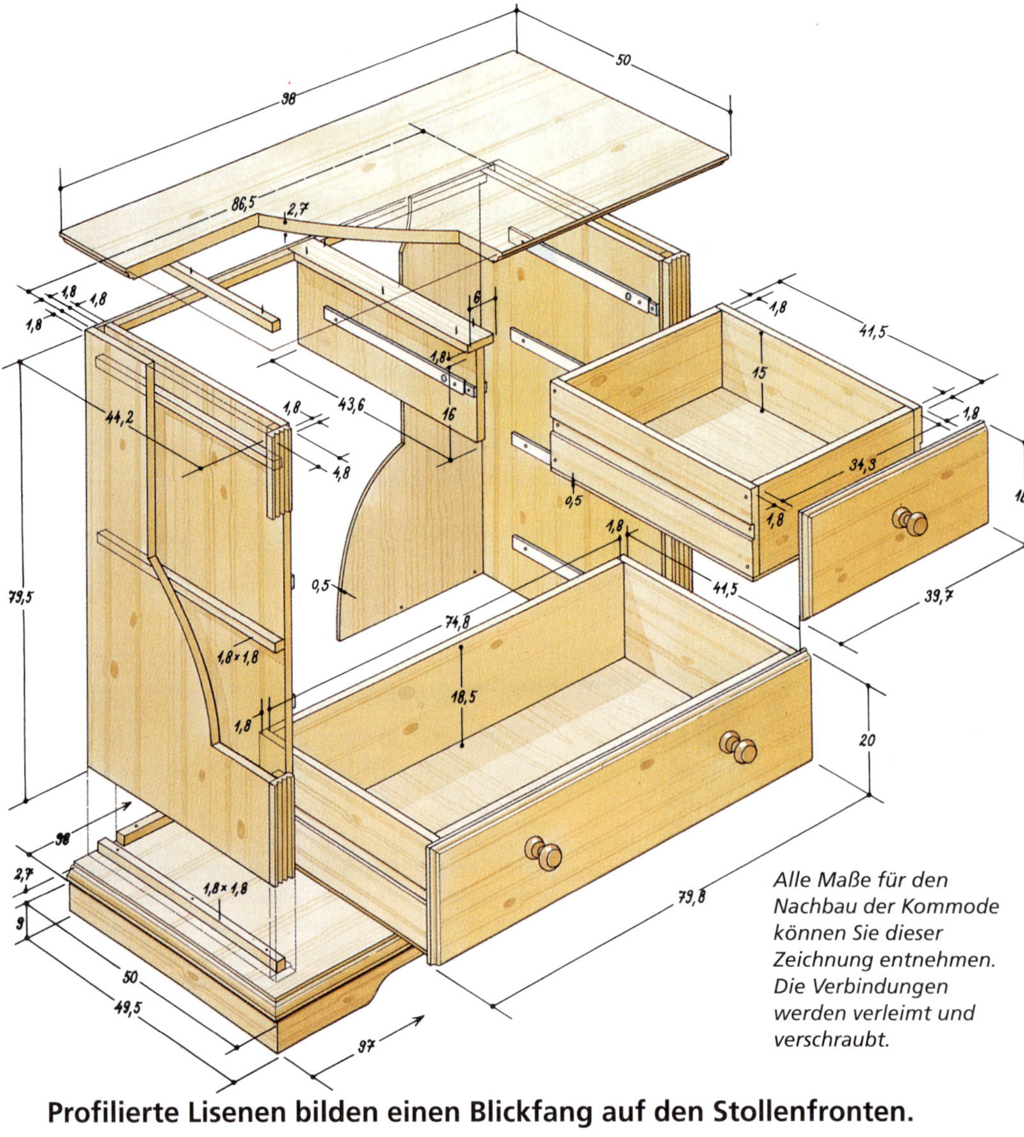

Alle Maße für den Nachbau der Kommode können Sie dieser Zeichnung entnehmen. Die Verbindungen werden verleimt und verschraubt.

Profilierte Lisenen bilden einen Blickfang auf den Stollenfronten.

Wenn Sie das Holz zum Herstellen der Kommode eingekauft haben (für die Seiten sowie Ober- und Unterboden benötigen Sie 50 cm breite Leimholzplatten, für die Schubfächer, Blenden, Leisten und Sockelbretter reichen welche von 20 oder 40 cm Breite), können Sie mit dem Anreißen und Zuschneiden beginnen. Damit die Platten schön gerade und winkelgerecht auf Maß zugeschnitten werden können, sollte man entweder über eine gute Tischkreissäge mit präzisen Anschlägen verfügen oder über andere Hilfsmittel wie z. B. festspannbare Anschlagschienen. Das Profilieren der beiden Böden, der Schubkastenblenden und der Lisenenleisten mit Hilfe der Oberfräse und verschiedener Profilfräser ist das nächste, was Sie vornehmen.

die mit Leisten auf Abstand gehalten werden

Die Seitenwände werden aus zwei 18 mm dicken Platten und drei gleich dicken Leisten verleimt und verschraubt. Die Leisten müssen 2 cm Abstand zur Vorderkante einhalten.

Als Lisenen verwendet man eine Fichtenleiste, in die drei V-Nuten als Verzierung gefräst werden. Die mittig darauf festgeleimte Leiste zwischen die beiden Platten leimen.

Die Front und die Seitenkanten von Ober- und Unterboden werden mit der Oberfräse mit Zierprofilen versehen. Diese Profile mit Sandpapier und Schleifkork nacharbeiten.

Als verbindende Elemente dienen Leisten, die auf den Unterboden und unter den Oberboden geleimt werden. Diese 18 × 18 mm dicken Leisten zusätzlich mit Schrauben fixieren.

Eine schnelle **Verbindung:** alle Bauteile

Auf die Verbindungsleisten von Ober- und Unterboden steckt man nun die doppelwandigen Kommodenseiten. Drei von innen eingesetzte Schrauben sorgen für festen Halt.

Die Vollauszüge genau anpassen

Anschließend verbinden Sie je zwei der Seitenplatten zu doppelwandigen Stollen und schrauben auf den Innenseiten nach vorherigem Ausmessen die kugelgelagerten Vollauszüge fest. Auch die kurze Zwischenwand, die die beiden schmalen Schubfächer trennt, wird mit Auszugsschienen versehen. Ist das geschehen, können Sie bereits mit dem Zusammenfügen des Kommodenkorpus fortfahren. Die auf Ober- und Unterboden festgeleimten Leisten machen das fast zum Kinderspiel, und die mit Schrauben zwischen den Stollen eingesetzte Sperrholzrückwand sorgt dafür, daß alles im Winkel bleibt. Danach brauchen Sie nur noch die vorbereiteten Schubfächer einzusetzen: fertig!

Die Trennwand, die links und rechts mit Auszugschienen versehen ist, wird durch ihren Längssteg unter den Oberboden geschraubt. Zuvor auf der Kontaktfläche Leim angeben.

Möbelknöpfe zur Auswahl

Je nachdem, wie Sie die Oberfläche des Holzes behandeln, werden die passenden Knöpfe ausgewählt. Helle Holzknöpfe passen gut zu naturbelassenem, farblos gewachstem Fichtenholz. Wird es dunkel gebeizt, sind Messingbeschläge reizvoll. Und zu farbig lackierten Flächen passen auch ganz moderne Möbelknöpfe.

Der Sockel, *aus drei auf Gehrung zugeschnittenen 9 cm breiten Leisten und zwei massiven Eckklötzchen verleimt, wird unter den Unterboden geschraubt. Alle Löcher vorbohren.*

Sämtliche Schubfächer *werden aus vier Leimholzplatten zusammengeschraubt und mit einem untergestifteten Sperrholzboden versehen. Für die Schienen Nuten ausfräsen.*

Die hölzernen Knöpfe *montiert man vor die auf Maß gefertigten Blenden. Die Laden einschieben, die Blendenposition markieren, anschließend von innen her verschrauben.*

Mit einem flüssigen Holzwachs, *das in verschiedenen Tönungen zu haben ist, wird die Oberfläche satt eingestrichen. Vorher das Holz wässern, trocknen und fein schleifen.*

Perfekt beschichtet: Platten

Für den Bau von anspruchsvollen Möbelstücken gibt es neben roher Plattenware auch Möbelbauplatten mit Beschichtung.

1 **Toscana,** dunkelblaues Phantasiedekor.
2 **Karminrote Spanplatte,** strukturiert.
3 **Melaminbeschichtete Spanplatte.**
4 **Kalkeichenmaserung** in Gelb.
5 **HPL-beschichtetes Sperrholz,** softgelb.
6 **High-Pressure-Laminat,** Phantasiedekor.
7 **Kalkeichenstruktur** in Hellrosa, Sperrh.
8 **Postformingelement** mit runden Kanten.
9 **Goldteak-Dessin,** melaminbeschichtet.
10 **Buchen-Melaminbeschichtung.**
11 **Samtesche,** Phantasie- und Holzdessin.
12 **Korsische Eiche,** Melamin auf MDF.
13 **Melamin-Dessin Kirsche** auf Spanpl.
14 **Eiche-Blume,** melaminbeschichtete MDF-Platte in Porenstruktur.
Alle Platten stammen aus den Herstellerfirmen Hornitex bzw. Resopal.

Bereits einbaufertig vorbereitet sind diese Plattenmuster, die ebenfalls aus dem Programm von Resopal oder Hornitex stammen. Die bereits werksseitig vorbereiteten Kanten mit Postforming-Rundungen und verschiedenen Profilen können Arbeitszeit einsparen.

für den Möbelbau

Omas Wasch-

Ein modernes Einbauwaschbecken ersetzt die Waschschüssel, eine Mischbatterie den Wasserkrug. Aber sonst ist alles ganz wie früher.

tisch mit moderner Technik

Form und Bauweise entsprechen Vorbildern vergangener Tage. Doch hier fließt warmes Wasser aus einer Mischbatterie!

Den Charme vergangener Zeiten kann man auch mit besonderen Anstrichtechniken erzielen.

Reden wir heute von der guten alten Zeit, dann erinnern wir uns meist nur an ihre schönen Seiten: wenig Hektik, keinen Verkehrslärm, kein Abgassmog, Bratäpfel aus Omas Kachelofen, das flackernde Holzfeuer im Küchenherd. Daß unsere Groß- oder Urgroßeltern aber selbst im kältesten Winter in einem unbeheizten Schlafraum nächtigten, daß Waschwasser im Eimer von der Pumpe im Hof geholt werden und die morgendliche Hygiene stets nur mit kaltem Wasser vollzogen werden mußte, das bedenken wir bei unseren schwärmerischen Betrachtungen meist nicht.

Warmes Wasser aus dem Wasserhahn – das sollte beim Nachbau von Omas Waschtisch schon sein. Die Atmosphäre vergangener Zeiten hat dieses Möbel trotzdem nicht eingebüßt, dafür sorgen die nostalgische Form und das massive Kiefernholz. Daß man auf den Komfort heutiger Tage nicht verzichten muß, dafür sorgen ein modernes emailliertes Einbauwaschbecken und die Kreuzgriff-Mischbatterie, die beide in den Waschtisch (hier eine Küchenarbeitsplatte mit kratzfester Oberfläche) eingelassen wurden.

Wer Gefallen an dieser Bauidee findet, sollte allerdings bei der Bautechnik den überkommenen Vorbildern folgen: massive Rahmenkonstruktion, eingesetzte Füllungen aus Leimholzplatten sowie ein Spiegel mit Holzrahmen, den man fertig kaufen kann. Dennoch gehört zum Nachbauen dieses Möbels eine gute Portion handwerklichen Geschicks.

Hinter den Türen des Waschtisches verbergen sich der Wasserablauf und die Anschlüsse für warmes und kaltes Wasser. Daneben gibt's Raum für Handtücher und Waschutensilien.

Neben handwerklichem **Geschick** gehören

Reicht der Platz für dieses schöne Möbel? Die Maße auf dieser Skizze machen eine genaue Raumplanung möglich. Weitere Details finden Sie in den Arbeitsfotos.

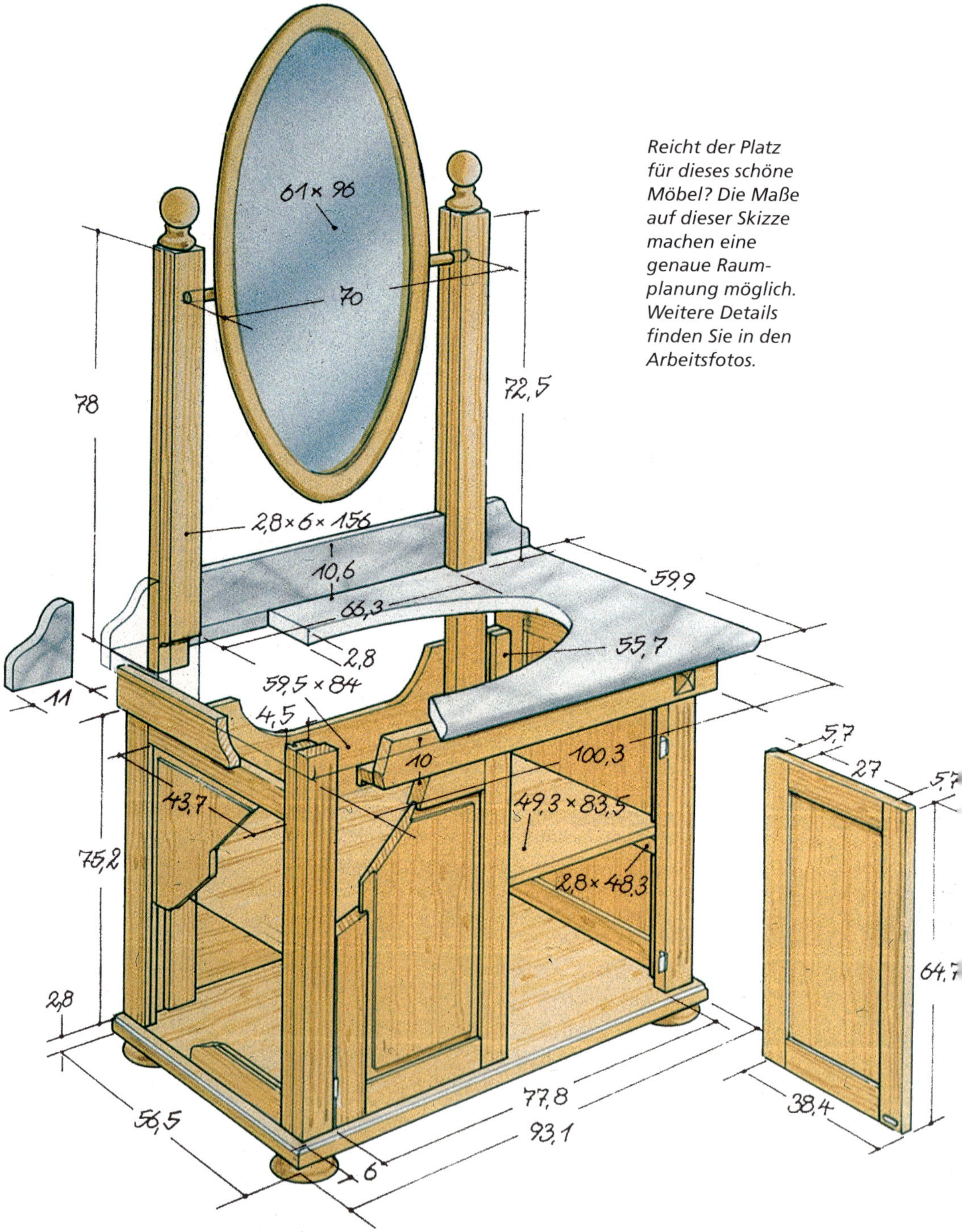

zum Gelingen auch etliche Elektrowerkzeuge.

Genauigkeit war immer gefragt

Versierte Selbermacher haben es schon auf dem Foto der Vorseite erkannt: Auch bei diesem Möbelstück wurde die traditionelle Holztechnik des Rahmenbaus mit Füllungen angewendet. Sie entstand zu einer Zeit, als moderne Werkstoffe wie Tischlerplatten, Sperrholz, Span- oder gar MDF-Platten noch unbekannt waren. Zum Tischlern benutzte man massives Holz – und das hatte, bedingt durch Schwinden oder Quellen bei unterschiedlicher Luftfeuchte, eben seine besonderen Tücken. Mit den Rahmenkonstruktionen konnte man diese aber recht gut beherrschen. Will man heutzutage ein Möbel in altem Stil nachbauen, benötigt der Hobbyhandwerker neben der Kenntnis vom Materialverhalten des Holzes natürlich auch eine ordentliche Werkzeugausstattung, mit der sich das Holz sicher und fachgerecht bearbeiten läßt. Eine Tischkreissäge mit winkelgerechten Anschlägen (wir haben auf dem Foto oben der besseren Erkennbarkeit halber die Schutzhaube entfernt!), eine Oberfräse zum Profilieren von Holzkanten und zum Fräsen von Ziernuten, eine Bohrmaschine samt Bohrständer für paßgerechte Dübellöcher – das alles ist unverzichtbar, wenn das Möbel genauso aussehen soll wie in unserem Vorbild. Das Schleifen der Holzoberflächen kann man durchaus auch von Hand und mit einem Schleifkork vornehmen. Ein Schwingschleifer erleichtert aber auch hier das Vorankommen.
Neben den Elektrowerkzeugen sind noch eine ganze Anzahl von kleinen und großen Schraubzwingen (sog. Knechten) erforderlich, damit Stollen oder Rahmen fest verleimt werden können – natürlich nur mit wasserfestem Holzleim.

Massives Fichtenleimholz ist das Baumaterial für Rahmen, Füllungen und Böden. Alles wird mit der Tischkreissäge passend zugeschnitten.

Eine Bohrlehre, aus Restholz verleimt, wird für Dübelbohrungen in die Enden der kurzen Rahmenhölzer verwendet. Festspannen!

Alle Nuten für die Füllungen können auf der Tischkreissäge oder mit der Oberfräse ausgearbeitet werden: 8 mm breit, 12 mm tief.

Die massiven **Stollen** werden aus jeweils zwei

Mit Dübelmarkern, *in die Löcher der kurzen Rahmenhölzer gesteckt, körnt man die Gegenstücke an. Auf den Winkel achtgeben!*

Mit bündiger Außenkante *verleimt man die verschieden breiten Hölzer für die aufrechten Rahmenstollen vorn. Mit Zwingen fixieren!*

Drei Ziernuten, *mit der Oberfräse in die Stollenvorderseite gefräst, lockern die Fläche auf. Stollen zuvor planhobeln und schleifen.*

Arbeitshilfen zum Selbermachen

Bevor es allerdings ans Verleimen von Rahmen und Füllungen geht, müssen diese erst einmal fachgerecht vorbereitet werden. Gerade in den Fällen, in denen einige wiederkehrende Arbeitsgänge anfallen wie hier, machen sich z. B. selbstgefertigte Hilfsanschläge wie im Bild links oben stets bezahlt, weil das Arbeitsergebnis besser wird. Auf einer Grundplatte wurde aus Leisten ein rechtwinkliger Anschlag hergestellt, der eine sichere Führung beim Ankörnen der Rahmenhölzer garantiert. Die langen aufrechten Rahmenhölzer werden dabei auf der einen Seite des Anschlagwinkels angelegt, die kurzen auf dem anderen Schenkel gegen das lange Rahmenholz geführt, wobei die Markerspitzen ins Holz gedrückt werden.
Eine weitere Arbeitshilfe sollte man anfertigen, um die Fronten der Füllungen mit einem Zierprofil zu versehen und das Material der Kanten so weit zu verjüngen, daß es in die 8 mm breiten Nuten der Rahmenhölzer paßt. Wie das geht, zeigen die beiden oberen Fotos auf der rechten Seite. Mit dem Halbrund-Profilfräser, der auch schon für die Ziernuten der Beinstollen verwendet wurde, fräst man in etwa 5 cm Abstand zu den Rändern der Füllungen ringsum eine tiefe Nut. Auf den Sägetisch der Tischkreissäge wird anschließend ein Hilfsanschlag festgespannt, dessen Anlagefläche in einem Winkel von 11 Grad geneigt ist. Führt man die Füllungen an diesem Anschlag über das Sägeblatt, dessen Schnittiefe bis an die Nut heranreicht, entsteht eine schöne Kassettenform. Die Außenkanten der 19 mm dicken Füllungsplatten aber sind zugleich so dünn geworden, daß sie in die genuteten Rahmenhölzer passen, die sie umfassen.

verschieden breiten Holzstreifen verleimt.

Alle Füllungen werden aus 19 mm Leimholzplatten zugeschnitten. Auf der Vorderseite ringsum eine 8 mm tiefe Nut ins Holz fräsen.

Ein Anschlag mit 11 Grad Neigungswinkel, auf den Sägetisch gespannt, ermöglicht die sichere Führung der Füllungen beim Schrägschnitt.

Nur in die Dübellöcher wird beim Verleimen der Schrankseiten Leim gegeben. Die Füllungen vorher in die Rahmennuten einsetzen.

Mit drei langen Schrauben, aber ohne Leim verbindet man den Boden mit den Schrankseiten. Die Holzbeine zuvor an die Platte dübeln.

Auf Gehrung geschnitten und verleimt wird die Zarge, die den Waschtisch trägt. Verleimt wird mit zwei großen Gehrungszwingen.

Zarge und Korpus werden mit je zwei langen Spaxschrauben pro Stollen verbunden. Die Zarge mit einer Wasserwaage ausrichten.

Mit einem Kugelknauf versieht man das obere Ende der beiden Spiegelholme, deren Vorderseiten auch mit Nuten verziert wurden.

Das Waschbecken, dessen Position mit einer Schablone markiert und mit der Stichsäge ausgeschnitten wird, läßt man in die Platte ein.

Von der Unterseite werden die Klammern festgeschraubt, die Becken und Platte verbinden. Dann Armatur und Abläufe montieren.

Zwei Schutzanstriche sind nötig

Damit die Oberfläche des fertiggestellten Waschtisches nicht zu schnell unansehnlich wird oder gar unter Spritzern leidet, die bei der Körperwäsche nun einmal unvermeidlich sind, muß man das Holz fein mit Sandpapier schleifen und anschließend versiegeln. Wir haben das mit einer farblosen Möbellasur getan, die nach dem ersten Anstrich nochmals mit 220er Körnung nachgeschliffen, dann ein zweites Mal gestrichen wurde. Das Ergebnis kann sich sehen lassen.
Ebenso wichtig wie die das Versiegeln des Holzes aber ist, auch die Schnittkanten des Waschtischausschnitts vor Nässeschaden zu bewahren. Bestreicht man sie mit Silikon und zieht die Halteklammern fest an, kann nichts mehr schiefgehen.

Schöne Muster nach Papierschablonen

Möchten Sie den Waschtisch mit Farbe verschönern? Die einfachste Art, Ornamente auf die Flächen aufzubringen, ist die Schabloniertechnik. Die Vorlage auf ein Stück Papier kopieren, ausschneiden, den Bogen mit Spraylack fixieren. Das Muster mit fast trockenem, in Farbe getupftem Pinsel durch die Schablone auftragen.

Stehpult in altem Stil:

Große Klappe, viel dahinter: denn alles, was Sie zum Schreiben brauchen, findet hier Platz. Wußten Sie übrigens schon, daß die Arbeitshaltung an einem Stehpult gesünder ist, als wenn Sie beim Schreiben sitzen?

ganz einfach und sehr edel

Zu Großvaters Zeiten war's der klassische Arbeitsplatz. Das „moderne" Stehpult aber kann mehr. Es ist ein sehr praktisches Möbel.

Seitdem man die Erkenntnis gewonnen hat, daß falsches Sitzen und eine schlechte Körperhaltung oft Gesundheitsschäden hervorrufen, erhält das gute alte Stehpult eine ganz neue Bedeutung. Besonders, wenn es in so einem edlen Eschenholz daherkommt wie bei diesem Modell. Es besticht durch schlichte, klare Linien, beansprucht wenig Stellfläche – und es macht sich gerade dort nützlich, wo man schnell ein paar Zeilen zu Papier bringen möchte: Notizen beim Telefonieren, für den Einkauf oder die Familienpinnwand.

Eine zerlegbare Bohrlehre, aus Restholz gefertigt, dient zum Bohren der Dübellöcher in den Hirnenden der Zargen und Streben des Stehpults. Bündig ausrichten, festspannen.

Die Stollen, Zargen und Streben des Untergestells werden aus je zwei 55 mm breiten, 18 mm dicken Leimholzstreifen verleimt. Die Zulagen sollten aus beschichteter Platte sein.

An den Beinstollen spannen Sie den angeleimten Schenkel der Bohrlehre fest, nachdem Sie den mit Schrauben fixierten entfernt haben. Gebohrt wird mit dem Zentrierbohrer.

Durch gezieltes **Aufdoppeln** des Materials

Höhe, Tiefe und Breite des Stehpults können Sie auf dieser Zeichnung erkennen. Das Schubfach gleitet auf eingeleimten Resopalstreifen.

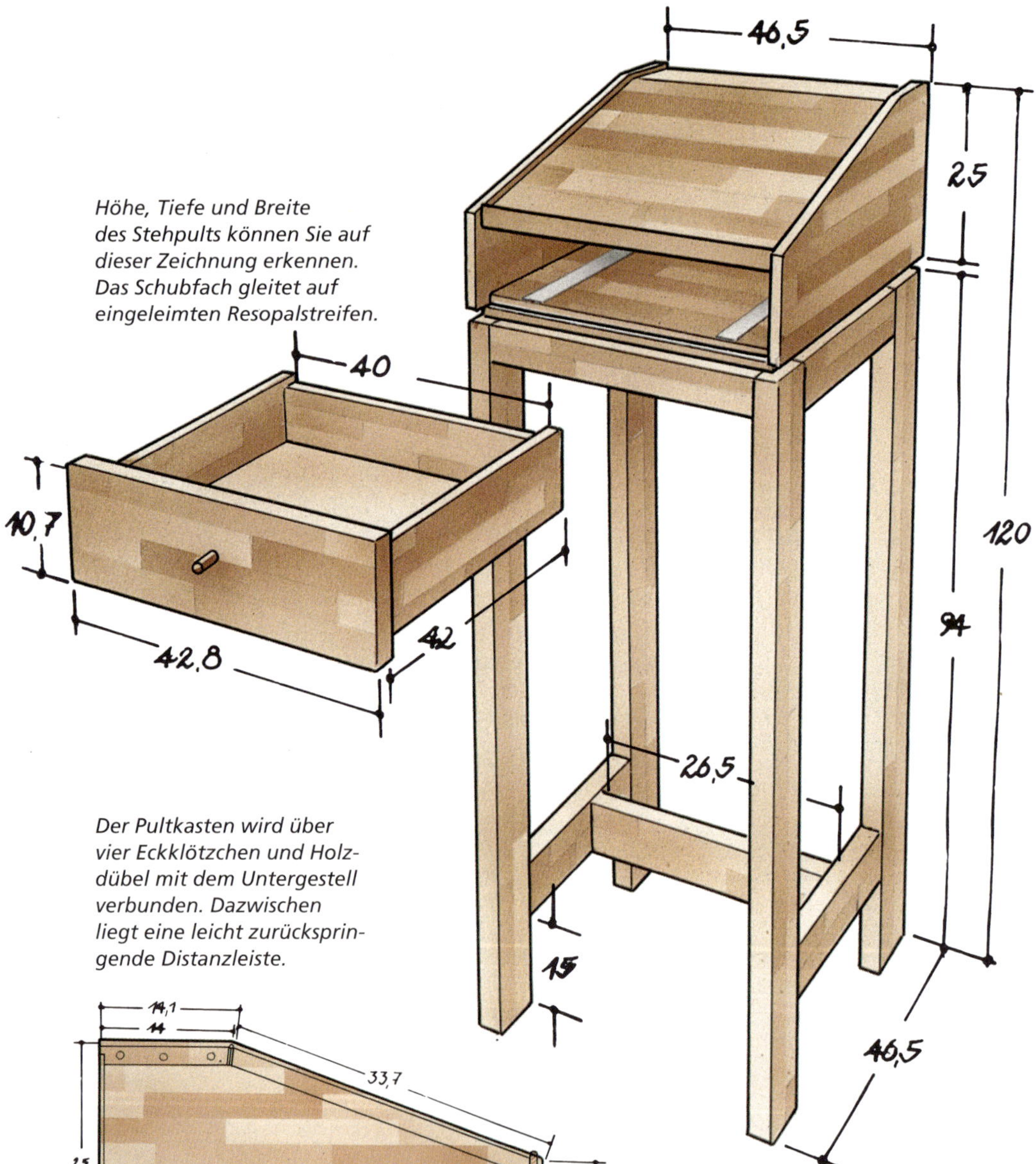

Der Pultkasten wird über vier Eckklötzchen und Holzdübel mit dem Untergestell verbunden. Dazwischen liegt eine leicht zurückspringende Distanzleiste.

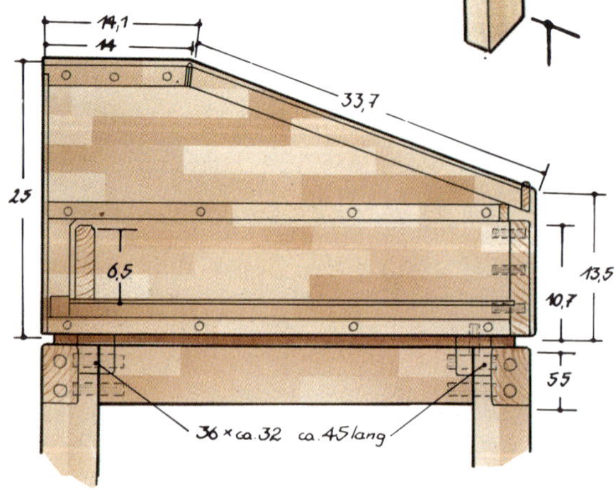

spart man viel Geld beim Holzeinkauf.

Mittig bohren heißt das Ziel

Eschenleimholz ist sehr schön, aber nicht ganz billig. Dafür allerdings brauchen Sie für dieses Möbel nur zwei 18 mm dicke Platten von 40 cm Breite und 250 cm Länge einzukaufen. Überall, wo dickeres Material benötigt wird, doppeln Sie es durch Verleimen einfach auf.
Ebenso traditionell wie die Form des Pults ist auch die Verbindungstechnik, die für den Zusammenbau gewählt wurde: Holzdübel und Weißleim geben dem Möbel Stabilität. Das gilt fürs Untergestell ebenso wie für den Pultaufsatz. Damit die Dübel mittig in den Kanten der Böden oder Stollen sitzen, kann man beim Bohren der Dübellöcher in den Hirnkanten (Schnittkanten) auf eine Bohrlehre nicht verzichten.

Die Dübelpositionen *reißen Sie mit Hilfe eines Winkels auf den Seitenteilen und den drei Böden (zwei große aus Tischlerplatte, der schmale obere aus Leimholz) paßgenau an.*

Die Seitenteile *des Pultkastens, deren Schräge mit einer Stichsäge abgetrennt wurde, spannt man bündig zusammen. Die Schnittfläche von oben nach unten mit dem Hobel glätten.*

Eine Bohrlehre *(hier mit Zulageplatte) macht das Bohren der Dübellöcher in den Kanten der Pultböden leicht. Die Dübellöcher in den Seiten unterm Bohrständer bohren.*

Das Klappenscharnier *muß im Oberboden eingelassen werden, bevor man den Korpus verleimt. Die Holzkante mehrfach einsägen, Holzreste mit dem Stecheisen ausstechen.*

Aufriß und Stückliste erstellen

In den Fotos auf dieser und den vorhergehenden Seiten haben wir die wichtigsten Arbeitsschritte dargestellt, die beim Nachbauen dieses Möbels zu vollziehen sind. Was Sie unbedingt tun müssen, bevor Sie das Baumaterial einkaufen, ist, einen Aufriß im Maßstab 1:1 nach der Zeichnung auf der Vorseite zu erstellen – und eine Stückliste, nach der Sie später die einzelnen Positionen paßgerecht zuschneiden können. Das in erster Linie verwendete Material ist 18 mm dickes Eschen-Leimholz. Lediglich die beiden unteren Böden des Pultaufsatzes sind aus 16 mm dicker Tischlerplatte zugeschnitten, Schubkastenseiten und Rückwand aus 12-mm-Sperrholz. Der Boden ist 5 mm dick.

Zum Verleimen *der Pultkorpus-Seiten mit den Böden schneidet man sich Zulagen aus dicker, beschichteter Spanplatte zu. Mindestens vier Knechte ansetzen, ganz fest anspannen!*

Die Pultrückwand *aus 5 mm dickem Sperrholz wird in einen Falz eingepaßt, der zuvor eingesägt und ausgestemmt wurde. In den Pultecken sichtbar: die Schubfach-Stoppklötze.*

werden unterschiedliche Holzdübel verwendet.

Die Schubkastenseiten und das Hinterstück werden mit einer Nut versehen. Das Hinterstück ist so bemessen, daß man den Sperrholzboden von hinten einschieben kann.

Erst zur Probe zusammenstecken sollte man das Untergestell, bevor man es fest verleimt: Noch könnten Fehler beseitigt werden! Vor dem Verleimen sämtliche Kanten brechen.

Als Schattenfugen wirken die aufgeleimten, um etwa 1 cm zurückspringenden Distanzleisten auf dem Untergestell. In den Ecken: Holzklötzchen zum Aufdübeln des Pultaufsatzes.

Besonders schön betont werden die einzelnen Stäbe des Eschenleimholzes, wenn man die Holzoberfläche mit flüssigem Holzwachs behandelt. Ein- oder zweimal streichen.

Zweisitzer mit Schwung:

Eine sichtbare Konstruktion aus edlem Holz und ein moderner Bezugsstoff bilden bei dem Zweisitzer einen reizvollen Kontrast. Übrigens: Das Möbel kann sich auch von hinten sehen lassen!

ein Designermöbel in Esche

Auf einem Zweisitzer kommt man sich näher. Selber gebaut und schön aufgepolstert, wird dieses Möbel schnell zu Ihrem Lieblingssitzplatz.

Mit seinen weit ausladenden Armlehnen erinnert dieser Zweisitzer an die dick gepolsterten Ruhemöbel aus der Gründerzeit. Das helle, schön strukturierte Eschenleimholz hingegen, die klare Formgebung und der farbenfrohe, moderne Möbelbezugstoff lassen dieses Möbel ausgesprochen jung erscheinen. Polster finden sich nur dort, wo sie nötig sind – und doch sieht dieser Zweisitzer nicht nur gemütlich aus, er ist auch außerordentlich bequem! Der besondere handwerkliche Reiz bei diesem Möbel liegt in den geschwungenen Armlehnen und in der sauber daran angepaßten Rückenlehne. 38 mm dick ist das Eschenleimholz der Armlehnen. Daß man so etwas nicht einfach „verbiegen“ kann, ist klar. Der besondere Trick: Man zerteilt eine Leimholzplatte in einzelne Segmente, die man mit leichter Schrägung zuschneidet und anschließend zum Bogen verleimt.

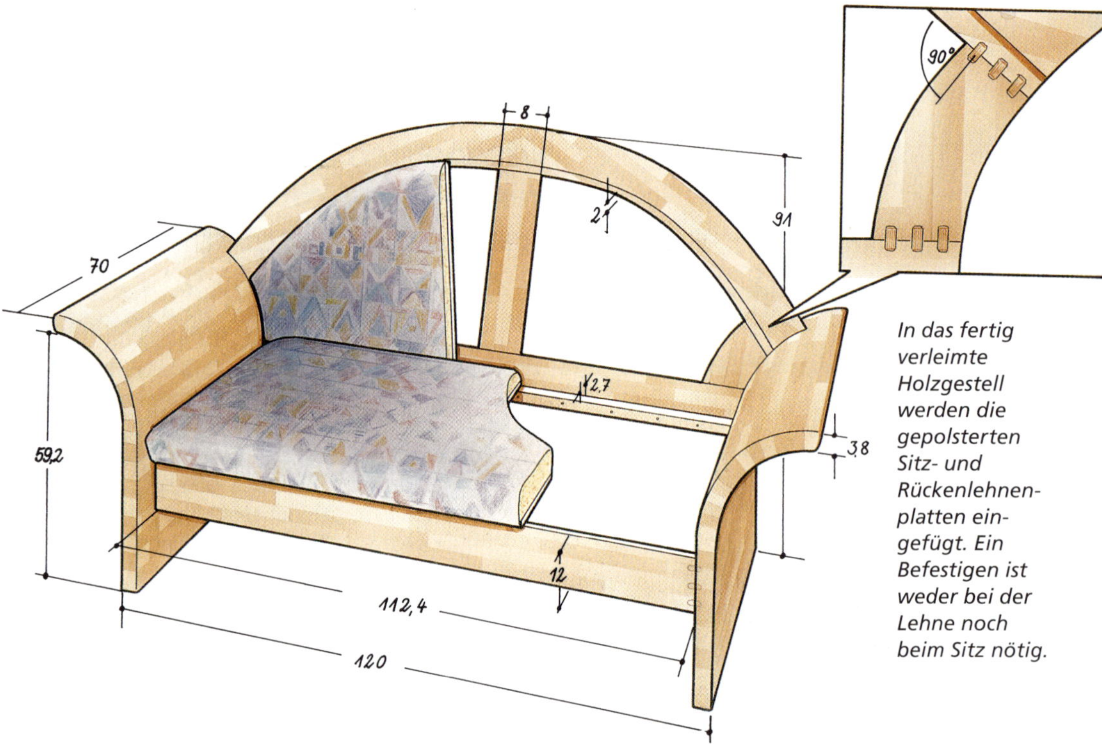

In das fertig verleimte Holzgestell werden die gepolsterten Sitz- und Rückenlehnenplatten eingefügt. Ein Befestigen ist weder bei der Lehne noch beim Sitz nötig.

Das Geheimnis, wie eine gerade Platte eine Rundung bekommt

Des Rätsels Lösung könnte man auch mit dem schönen Wort „Vieleck“ bezeichnen. Denn so richtig rund sind die beiden Armlehnen später auch nur auf ihrer Oberseite, also dort, wo man beim Sitzen die Arme auflegt. Auf der Unterseite – und das ist selbst für kritische Augen kaum erkennbar – reiht sich eine schmale gerade Fläche an die andere.

Damit das so geschehen kann, muß man erst einmal zwei 38 mm dicke Leimholzplatten auf der Tischkreissäge zu 70 × 70 cm großen Tafeln zuschneiden. Dann wird das Sägeblatt um 3 Grad geschwenkt, und man schneidet damit 13 einzelne Leisten ab, wie sie der Breite der in der Platte verleimten Stäbe entsprechen. Die Platte muß dabei nach jedem Schnitt umgeschlagen werden. Fügt man die auf Schmiege zugeschnittenen Leisten nun so zusammen, daß die jeweils breitere Leistenseite nach oben, die schmalere Seite stets nach unten weist, entsteht die gewünschte Rundung. Um diese verleimen zu können, muß man sich aus 19 mm dicken Spanplatten drei Hilfsplatten zuschneiden, die dem Verlauf der Innenkurve entsprechen. Man verschraubt die drei Formstücke auf einem Plattenrest, so daß man nun über eine stabile, belastbare Formlehre verfügt. Das nicht zu Leisten aufgesägte Leimholzstück wird auf die gerade Fläche der Formlehre plaziert. Die einzelnen Leisten bestreicht man an den Kontaktflächen mit Holzleim

und fügt Leiste für Leiste so aneinander, daß sie – der Kurve der Formlehre folgend – eine Rundung beschreiben. Preßt man das Ganze mit zwei Spanngurten fest zusammen und läßt den Leim aushärten (wobei die oben und unten austretenden Leimreste mit einem feuchten Lappen entfernt werden, solange sie noch frisch sind), hat man einen Lehnenrohling hergestellt. Der zweite wird auf der gleichen Formlehre angefertigt.
Nach dem Lösen der Spanngurte kann man die obere Seite der Armlehne am besten bearbeiten, solange sie noch auf der Formlehre ruht. Mit einem Putzhobel ebnet man die leichten Unebenheiten der Leistenstöße ein, anschließend schleift man die ganze Fläche mit einem Band- oder Schwingschleifer nach, bis eine absatzlose Kurve entstanden ist. Die Leistenfugen an der Unterseite der Armlehnen werden nur von Hand mit Sandpapier nachgearbeitet.
Die Außenkanten der beiden Lehnen sollten gut abgerundet werden, damit das Möbel später schön gefällig wirkt. Das geht am besten mit der Oberfräse, in die man einen Viertelstabfräser mit Anlaufring (Zubehör) einspannt. Wer nicht über ein solches Elektrowerkzeug verfügt, kann die Holzkante natürlich auch mit Schleifkork und Sandpapier auf die gewünschte Rundung bringen.
Die Armlehnen sind nicht die einzigen gerundeten Elemente dieses Möbels; auch die Rückenlehne und die dafür nötigen Zargen beschreiben schwungvolle Bögen. Weil wir Ihnen in diesem Buch keine Originalvorlagen liefern können, müssen Sie die Linien möglichst mit Hilfsschablonen aus Hartfaserplatte ermitteln und fixieren.

Die schmalen Streifen für die Armlehnen werden aus 38 mm dickem Leimholz zugeschnitten. Sägeblatt um 3 Grad schräg einstellen.

Über einer Formlehre werden die Leisten zur Rundung verleimt. Die Kanten der Lehre abkleben, damit kein Leim daran haften kann.

Mit Spanngurten hält man die Rundung in Form und sorgt zugleich für den nötigen Druck. Vorn zwei Hilfsleisten festspannen.

***Putzhobel** und Schwingschleifer kommen zum Einsatz, um die kleinen Unebenheiten auf den beiden Armlehnen zu glätten.*

***Aus zwei Teilen** wird das obere Rahmenholz der Rückenlehne zusammengesetzt. Die Platte nach Schablone per Stichsäge zuschneiden.*

***Die Bogenteile** werden mit Holzdübeln verbunden. Zum Verleimen vier Hilfsklötze mit Zwingen ansetzen, dann zusammenspannen.*

Die Lehne verlangt Formgefühl

Läßt sich die Form der beiden Armlehnen noch recht gut aus der Zeichnung erkennen und auf einer Spanplatte aufzeichnen, die dann auch als Formlehre beim Verleimen dient, so sollte man die Kurve der Rückenlehne möglichst erst festlegen, wenn man die Lehnen fertiggestellt und im richtigen Abstand zueinander provisorisch ausgerichtet hat. Stellt man eine Hartfaserplatte dahinter, kann man mit einer langen, biegsamen Leiste die obere Lehnenrundung nach Augenmaß ermitteln und auf der Platte aufzeichnen, die untere wird in 10 cm Abstand dazu festgelegt.

Aus der Hartfaserplatte schneidet man eine Schablone heraus, die den halben Bogen beschreibt und nach der man die Linien auf eine 27 mm dicke Leimholzplatte überträgt. Dabei muß man darauf achten, die Schablone so zu plazieren, daß die Leimfugen der Platte so lange wie möglich der Kurve folgen (siehe Zeichnung). Mit drei 10 mm dicken Holzdübeln werden die beiden Bogenhälften zusammengefügt und verleimt. Holzdübel und Leim verbinden auch die vier übrigen Elemente der Rückenlehne mit dem oberen Bogen.

Eine gar nicht so leichte Aufgabe ist es, den Rückenlehnenrahmen an die beiden Lehnenseiten anzupassen. Mit sorgfältigem Anreißen der Kurve und dem entsprechenden Ausarbeiten des Rahmens mit Feilen und Sandpapier ist auch das zu schaffen. Erst nachdem der Lehnenrahmen und die beiden Armlehnen mit Holzdübeln zusammengesteckt sind, kann man die Breite der Vorderzarge genau ermitteln und sie einpassen. Auch sie wird zwischen die Seitenteile mit den gerundeten Armlehnen gedübelt und geleimt.

fest verdübelten Leimholzstreifen.

Die Mittelstrebe, *zwischen Bogen und unterem Querbrett eingedübelt, wird angepaßt, nachdem die Bogenunterkante ausgefälzt ist.*

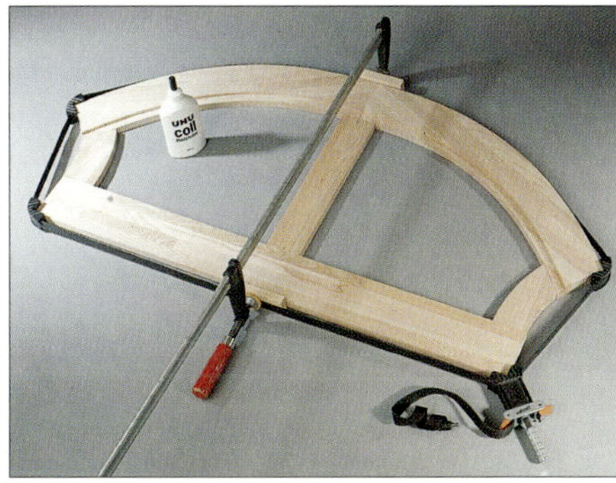

Zu einem großen Rahmen *verleimt man den oberen Bogen, die seitlichen Rahmenhölzer, Mittelstrebe und unteres Querbrett.*

Sorgfältiges Anpassen *an die beiden Armlehnen ist nötig. Die Linie sauber anreißen, mit Raspel, Feilen und Sandpapier nachformen.*

Wenn die Rückenlehne *und die beiden Seiten zusammenpassen, wird das Maß für die vordere Zarge ermittelt. Alles zusammenleimen.*

Für die Rückenlehne *wird eine Sperrholzplatte dem Rahmenholz angepaßt, mit Schaumstoff gepolstert und dann bezogen.*

Der Sitz *ist ebenso aufgebaut, jedoch dicker gepolstert. Der Bezugstoff wird auf die Plattenrückseite umgeschlagen und angetackert.*

Schönheiten als Meterware:

Nicht jede Profilleiste muß der Hobbyhandwerker selber fräsen. Die schönsten kann man fertig kaufen – in rohem Holz oder mit endbehandelten Oberflächen.

Bei Möbeln aus Massivholz werden die meisten Profile ganz einfach mit der Oberfräse und einem entsprechenden Profilfräser hergestellt. Das konnten Sie bei etlichen unserer Bauvorschläge verfolgen und feststellen, daß selbst ein einfaches Abrunden von Holzkanten die Form der Arbeitsplatten, Lehnen oder Oberböden wesentlich gefälliger erscheinen läßt. Nicht selten aber kommt man zu dem Schluß, daß es schon mal etwas mehr sein darf, als man selber herstellen kann. Dann kommen industriell gefräste Leisten zum Einsatz, wie man sie als Meterware im Holzhandel beziehen kann. Meist werden sie in Ramin, einem hellen, feinfaserigen Holz angeboten, das gut zu bearbeiten und auch recht leicht zu beizen ist. Leisten in Fichte und Kiefer sind aber ebenso zu finden wie Profilleisten aus Mahagoni oder Eiche, in der Regel alle mit unbehandelten Oberflächen.
Weil sich nicht jeder Selbermacher zutraut, den Zierleisten durch Beize oder Lasur mit einem bestimmten Holzton zu versehen, werden auch Profilleisten mit endbehandelten Oberflächen angeboten. Diese zu benutzen macht besonders dort Sinn, wo z. B. besonders feine Zierornamente vorhanden und sogar noch in einer zweiten Farbe abgesetzt sind (Ornamentleisten). Phantasievolle Hobbyhandwerker schaffen es hingegen, auch aufwendige Kranzprofile aus mehreren unterschiedlich profilierten Leisten zu verleimen.

Profil- und Zierleisten

Der Landhausschrank: ein

Als Wohnzimmermöbel besitzt der Schrank verglaste Türen und vier Schubfächer. Die schlichtere Variante rechts unten begnügt sich mit Einlegeböden.

Möbel in zwei Variationen

Sie wirken ganz verschieden – doch von der Konstruktion her sind beide Schränke gleich. Der Unterschied liegt in ihrer Ausstattung.

Wer sich als Hobbyhandwerker an ein Möbelstück dieser Größe heranwagt, verfügt wohl über ein gutes Maß an Erfahrung und hat auch sicher eine gut ausgestattete Hobbywerkstatt. Denn die ist erforderlich, allein weil ja bei einem Schrank dieser Größe eine ganze Menge Material gehandhabt, sortiert und auch gelagert werden muß. Für den, der einmal probieren möchte, ob die Fähigkeiten ausreichen, ein Tip: Unter- und Oberschrank kann man auch separat anfertigen. Und das macht jeweils nur die halbe Arbeit!

Fichtenleimholz von 18 und 28 mm Dicke ist das Material für diesen Bauernschrank. Alle Einzelteile werden auf der Tischkreissäge aus ganzen Platten zugeschnitten.

Flachdübel sind die idealen Verbindungselemente von Korpusseiten und Böden. Um sie verarbeiten zu können, muß man über eine spezielle Flachdübelfräse verfügen.

Mit eingeleimten **Flachdübeln** werden die

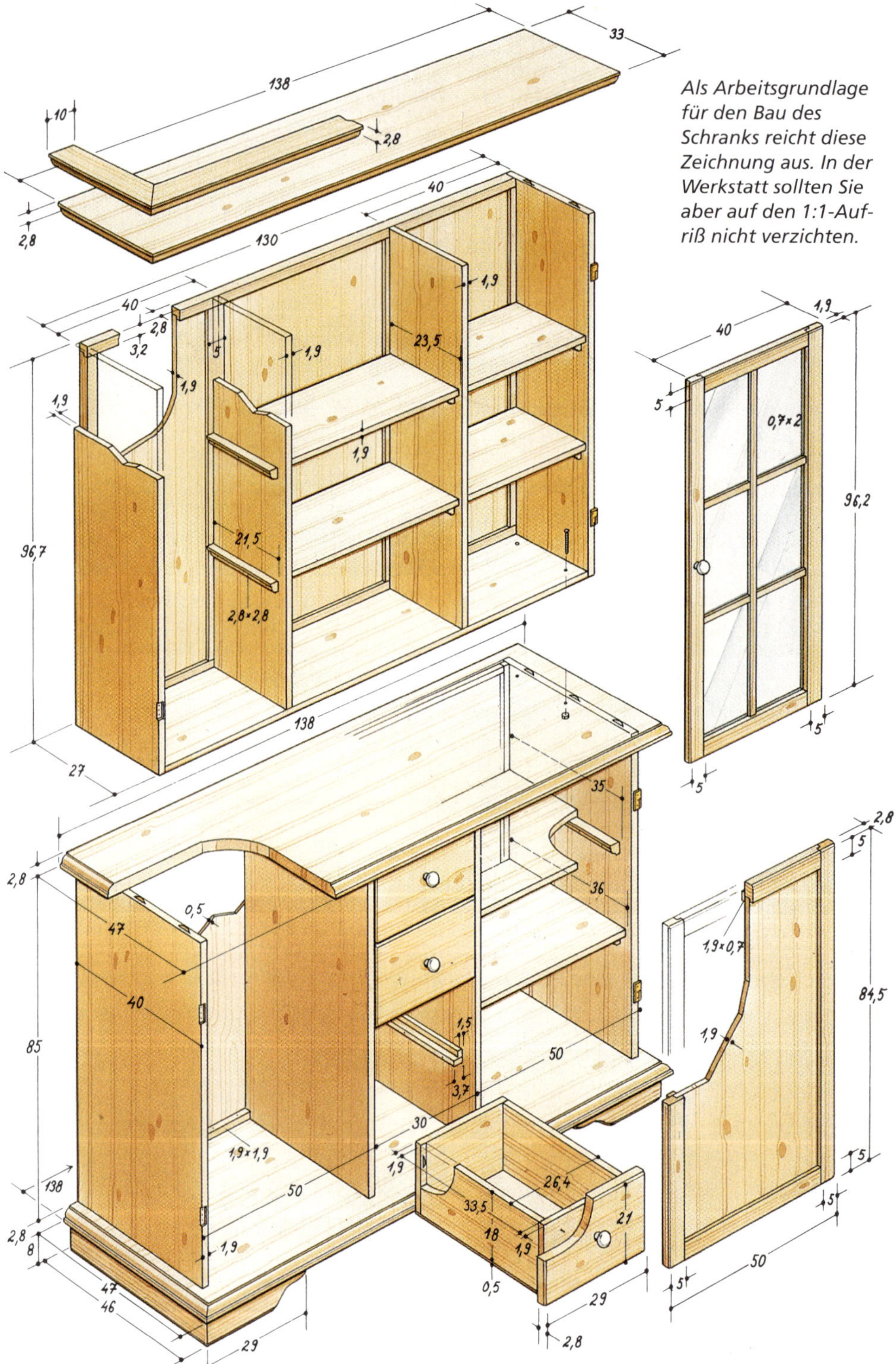

Als Arbeitsgrundlage für den Bau des Schranks reicht diese Zeichnung aus. In der Werkstatt sollten Sie aber auf den 1:1-Aufriß nicht verzichten.

Seiten, Böden und Zwischenwände verbunden.

Durch Planung zum Erfolg

Bevor Sie damit beginnen, das Material für dieses Möbel einzukaufen, sollten Sie (wie schon empfohlen) erst einmal einen 1:1-Aufriß auf einer großen Hartfaserplatte machen. Erst eine solche Bauzeichnung bildet die richtige Grundlage, um eine komplette Stückliste zu erstellen, damit beim Arbeiten nicht zuviel Material verschnitten wird. Für den Korpus des Unterschrankes z. B. benötigen Sie zwei 2 m lange Fichten-Leimholzplatten von 28 mm Dicke und 50 cm Breite für den Ober- und Unterboden. Das Restmaterial reicht noch für die Schubkastenblenden. Hinzu kommen zwei 19 mm dicke Platten von 40 cm Breite für die Seiten und Mittelwände sowie eine 2 m lange Platte für die Türfüllungen. Für den Oberschrank kommen Sie mit 19 mm dicken Platten von 30 cm Breite aus. Lediglich der Oberboden und das Kranzprofil werden aus 28 mm dickem, 50 cm breitem Leimholz zugeschnitten. Was sonst noch benötigt wird, hängt in erster Linie davon ab, wie Sie sich selbst entscheiden: Schubfächer aus Sperrholz oder Leimholz. Leisten, die aus massivem Holz gefertigt oder aus Leimholzresten zugeschnitten werden. Oder Rückwände in Massiv- oder in Sperrholz. Sie haben also eine Menge Spielraum bei der Auswahl, ohne daß sich damit das Erscheinungsbild des Schranks wesentlich verändert. Nach unserer Erfahrung beim Bauen hat sich gezeigt, daß man sämtliche Leisten aus Leimholzresten zuschneiden kann, ohne großen Materialverlust hinnehmen zu müssen. Sogar die Laufleisten für die Schubfächer können aus zwei 19 mm dicken Leimholzstreifen hergestellt werden, die man zu einem Winkel verleimt. So spart man letzten Endes Geld.

Eine Oberfräse und zwei unterschiedlich große Profilfräser mit Anlaufring werden benötigt, um die Zierprofile am Kranz, an den Schrankböden und den Türrahmen zu fräsen.

Mit Leim oder Schrauben fixiert man die Laufleisten für die Schubfächer an den Mittelwänden, bevor man den Korpus verleimt. Hierfür eine Anzahl langer Knechte parat halten.

Die Rückwand des Unterschranks: eine 5 mm dicke Sperrholzplatte. Man stiftet sie an Halteleisten fest, die, um 5 mm zurückgesetzt, an Seitenwände und Böden geleimt wurden.

Rahmenbau mit Rundholzdübeln

Haben sich beim Aufbau der beiden Korpuselemente von Ober- und Unterschrank Flachdübel (z. B. Lamello) als die sinnvollen und schnellen Verbindungselemente erwiesen, so muß man für den Rahmenbau der Schranktüren doch auf die altbewährten Rundholzdübel aus Buche zurückgreifen. Sie werden tiefer ins Holz eingebohrt und sorgen – gemeinsam mit den ausgefälzten und abgesetzten Rahmenecken – für mehr Stabilität, als es die Flachdübel an diesen Stellen könnten. Ausgefälzt übrigens sind die Rahmenhölzer, weil beim Unterschrank Füllungen aus Leimholzplatten eingesetzt werden (man hält diese mit von hinten angestifteten Deckleisten fest). Und die Türrahmen der

Ein Leistenrahmen, zweifach unterteilt und auf der Rückseite mit umlaufendem Falz versehen, wird in den Oberschrank gesetzt. Er nimmt die massiven Rückwandplatten auf.

Die Rahmenhölzer für die Unterschrank-Türen, 28 mm dick und auch ausgefälzt, werden mit Holzdübeln und Leim verbunden. Eine 19 mm dicke Leimholzplatte dient als Füllung.

die Rahmen, wenn alle Dübel genau passen.

Oberschränke werden mit paßgenau zugeschnittenen Scheiben versehen, die ebenso festgehalten werden. Die Sprossen, aus Leisten zugeschnitten, werden erst zum Schluß auf die Glasscheiben geheftet. Bevor das alles geschehen kann, müssen natürlich die Beschläge in die Rahmen eingelassen werden. Auch bei der Oberflächenbehandlung mit flüssigem Möbelwachs ist es vorteilhaft, wenn die Einzelteile noch nicht zusammengefügt sind: Trocknet z. B. die Füllungsplatte mehr auf als das Rahmenholz, würden leicht unschöne Blitzer sichtbar werden. Übrigens: Wer sich die Arbeit aufteilen möchte, kann ja mit der einfachen Schrankversion beginnen und sie später weiter ausbauen!

__Massive Möbelbänder__ aus Messing, bei jedem Fachhändler zu haben, müssen bündig in das Rahmenholz eingelassen werden. Exakt anreißen, ein scharfes Stecheisen verwenden!

__Die Glastürsprossen,__ 18 mm breit und 7 mm dick, werden erst genau eingepaßt, dann mit Möbelwachs behandelt. Man heftet sie mit doppelseitigem Klebeband auf die Scheiben.

__Leim und Flachdübel__ verbinden auch die Seiten und das Vorder- und Hinterstück der Schubfächer, wenn sie aus Leimholz gefertigt werden. Sperrholz nur verleimen und stiften.

Ihr neuer Schrank:

Ein Blickfang in jedem Raum: der Kleiderschrank mit schönen, ausgeprägten Türfüllungen

ein massives Prachtstück

Moderne Schränke geben sich meist recht schlicht. Anders ihre Vorbilder aus ländlichen Regionen; dort bestimmt das Profil die Form.

Wenn eine Zimmereinrichtung nicht von reinen Zweckmöbeln bestimmt werden soll, orientiert man sich gern an Möbelvorbildern, die noch nicht vom Fließband kamen, sondern individuell getischlert wurden. Unser Schrank ist ein gutes Beispiel dafür: Durch und durch aus massivem Fichtenleimholz und mit weiß lasierter Oberfläche, kann er im Hause als Kleiderschrank ebensogut verwendet werden wie z. B. als Hausbar oder Videoschrank. Die Inneneinrichtung bestimmt jeder selbst.

Fest verleimt werden die Rahmenhölzer von Tür und Schrankseiten mit Hilfe von langen Schraubzwingen. Dann die fertigen Elemente auf der Rückseite mit der Oberfräse ausfälzen.

Die Rahmenquerstücke werden für die Verbindungen mit Holzdübeln zuerst gebohrt. Die Bohrpunkte überträgt man mit Markern auf die aufrechten Rahmenholme.

Die Vorderkante der beiden Seitenteile und die beiden Kanten der Eckbretter werden auf der Tischkreissäge im Winkel von 22,5 Grad abgeschrägt. So entsteht der 45-Grad-Winkel.

Viele ausgeprägte **Profile** gliedern bei diesem

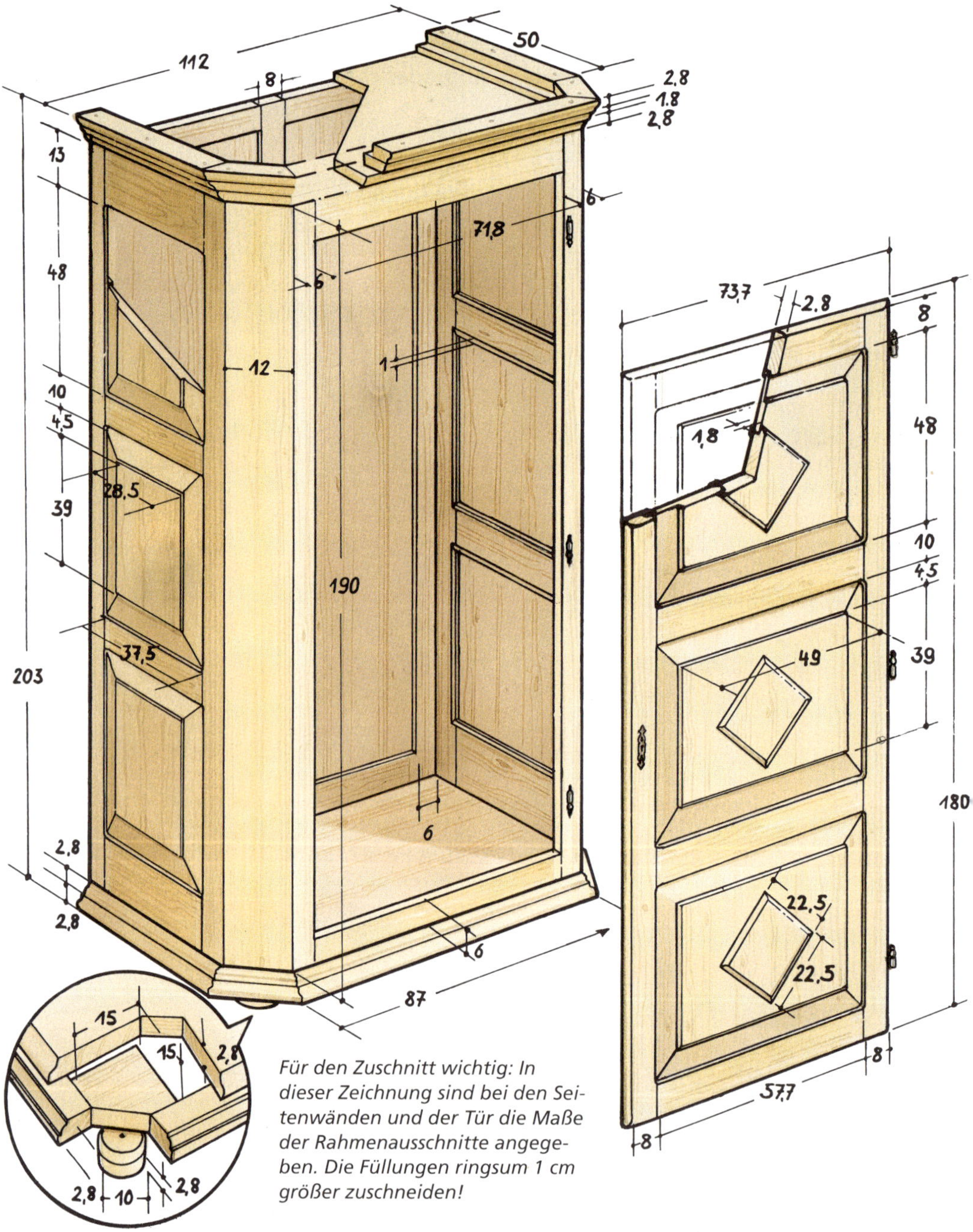

Für den Zuschnitt wichtig: In dieser Zeichnung sind bei den Seitenwänden und der Tür die Maße der Rahmenausschnitte angegeben. Die Füllungen ringsum 1 cm größer zuschneiden!

Massivholzschrank die Front und die Seiten.

Rahmen bilden das Gerüst

Mehr noch als bei allen anderen bisher gezeigten Möbelstücken bildet bei diesem Schrank die Rahmenkonstruktion das stabile Grundgerüst, sozusagen das „Gerippe“ des Schranks. Auf dem Bild rechts unten ist das besonders gut zu erkennen, denn dort fehlen noch die Füllungen, der Ober- und Unterboden sowie die Tür. Alle Rahmenleisten wurden aus 28 mm dickem Fichtenleimholz zugeschnitten und mit Holzdübeln und Leim verbunden. Die Füllungen, 18 mm dickes Leimholz, werden von der Rückseite in Falze eingesetzt, die man mit der Oberfräse aus den verleimten Rahmen herausfräsen muß. Mit darüber aufgestifteten Halteleisten werden sie befestigt.

Der Seitenwandrahmen und das schräge Frontbrett werden stumpf miteinander verleimt. Beim Zusammenpressen sorgt straff gespanntes Klebeband für den Druck.

Mit Flachdübeln kann man den Ober- und Unterboden leicht mit den Rahmenhölzern verbinden. Erforderlich für diese Verbindungen: ein Werkzeug zum Fräsen der Schlitze.

Beim Verleimen werden die Rahmenteile der Seitenwände, der Rückseite und die Querhölzer auf der Frontseite miteinander verdübelt und mit Spanngurten fest zusammengefügt.

Die Flachdübel werden mit Weißleim in die gefrästen Schlitze eingesetzt, der Ober- und Unterboden daraufgesteckt. Ein paar zusätzliche Schrauben erzeugen den nötigen Druck.

Vielschichtig: das Kranzprofil

Ist das Rahmengerüst des Schranks zum Korpus verleimt, werden Ober- und Unterboden mit Flachdübeln, Leim und Schrauben mit den Rahmen verbunden: Das Möbel nimmt Gestalt an. Noch mehr Format bekommt es, wenn man das Kranzprofil, das aus dem Oberboden und einem 18 sowie einem 28 mm dicken Leimholzstreifen entsteht, aufleimt. Die einzelnen Plattenkanten werden mit Profilfräsern nach Geschmack ausgefräst, die Plattenstreifen jeweils um etwa 3 cm vorspringend übereinander angeordnet. Schneidet man die Stoßfugen im Winkel von 22,5 Grad zu und paßt die Stücke exakt zusammen, bilden alle gemeinsam einen massiven, ausdrucksstarken Kranz.

Das Kranzprofil entsteht durch Aufschichten von zwei weiteren Leimholzstreifen, die ebenfalls mit Zierprofil versehen sind. Das Muster veranschaulicht den Aufbau.

Auf Schmiege zuschneiden muß man die Plattenstreifen für das Kranzprofil. Dann die Kontaktflächen mit Leim bestreichen, die Plattenstreifen von oben anschrauben.

Schöne Bauernmotive auf der Oberfläche können auch ein preiswertes Baumaterial kaschieren.

Unter dem Unterboden sorgt ein angeleimter, profilierter Plattenstreifen für mehr Volumen. Die Füße: aus drei Platten verleimte Quadrate, später rund gesägt und geschliffen.

Die gebeizte Fläche wird lackiert

Noch ein paar Worte zur Oberflächenbehandlung des Holzes. Sämtliche Einzelteile sollten wie üblich mit feuchtem Schwamm gewässert und fein geschliffen werden, bevor man sie verleimt. Auch die Leimfugen der Rahmen werden noch einmal sorgfältig plangeschliffen, bevor man den Korpus zusammenfügt. Das gleiche Prinzip gilt für die Füllungen: Flächen und Kanten werden geschliffen, solange sie noch gut erreichbar sind, also bevor man sie in den Rahmen fixiert. Ob Sie unserem Vorschlag mit der Negativbeize folgen wollen, bleibt natürlich Ihnen überlassen. Auf jeden Fall muß die Holzoberfläche – ob gebeizt oder nicht – mit einem farblosen Lack geschützt werden.

Zum Abschrägen der Füllungskanten wird das Sägeblatt ganz hoch und dann auf etwa 3 Grad Schrägung eingestellt. Den Keil an der angezeichneten Linie flach abtrennen.

Die Türfüllungen werden mit zusätzlichen Kassetten versehen. Den Ausschnitt mit der Stichsäge machen, die Kassetten zuschneiden, ringsum ausfälzen und einfach einleimen.

Einlegearbeit aus einer massiven Holzplatte

Leicht abrunden sollte man die inneren Kanten der Rahmenausschnitte, bevor man die Füllungen einsetzt. Die Halteleisten, 12 × 12 mm dick, passend auf Gehrung zusägen.

Mit dem Stecheisen muß man die Ecken der Füllungsfalze winklig nachstechen. Dann die Füllungen einlegen, mit den Halteleisten und kleinen Drahtstiften im Rahmen befestigen.

Genau senkrecht gelingen die Bohrungen für die Zapfenbänder, wenn man dafür ein Bohrmobil zu Hilfe nimmt. Die Positionen nach der mitgelieferten Schablone im Holz markieren.

Eine ausdrucksstarke Oberfläche erhält das Fichtenholz, wenn man es mit einer Positivbeize behandelt. Sie betont die härteren Adern im Holz, nicht die weichen Holzpartien.

Die Kistenbank: praktisch

Die Faßmalerei (von Einfassen) verleiht dieser Bauernbank eine ganz besondere Note.

und dekorativ für Ihre Diele

Ob schön bemalt oder in natürlichem Holz: Eine Bank wie diese hätte wohl jeder gern, gleich, ob in Natur oder farbig bemalt.

Es gibt Möbel, die rufen besondere Erinnerungen hervor: Man fühlt sich heimelig bei ihrem Anblick. Man meint, den Duft von Bratäpfeln wahrzunehmen, oder glaubt, die Kluntjes in einem dampfenden Teeglas springen zu hören. Illusion – aber eine schöne! Ebenso schön wie die alten Meisterstücke, die an so geruhsame Zeiten erinnern.

Dabei paßt so eine rustikale Bauernbank mit viel Stauraum unter der Sitzfläche keineswegs nur in eine Bauernküche. Auch als Schmuckstück im Flur, vielleicht sogar als bewußter Kontrast zu modernen Einrichtungsstücken kann sie durchaus bestehen. Gebaut aus massiven Leimholzplatten von 18 und 28 mm Dicke und ein paar 55 × 55 mm dicken Leimholzstollen, wird sie zu einem Möbel, das für die Ewigkeit gebaut zu sein scheint. Vorausgesetzt, Sie als Hobbytischler halten sich an die Anleitungen, die wir in den Arbeitsfotos geben. Und Sie beherzigen auch, daß massives Holz auf ganz besondere Weise verarbeitet werden muß, damit man lange Freude an so einem Möbel behält. Also winken Sie nicht gleich ab, weil auch bei dieser Bank vom Rahmenbau die Rede ist: Das ist nun einmal die seit Generationen erprobte Technik!

Für die richtige **Planung** sollte man sich ruhig

Die Zeichnung vermittelt Ihnen einen guten Einblick in die Konstruktion. Die Maße sind auf handelsübliche Materialien abgestimmt.

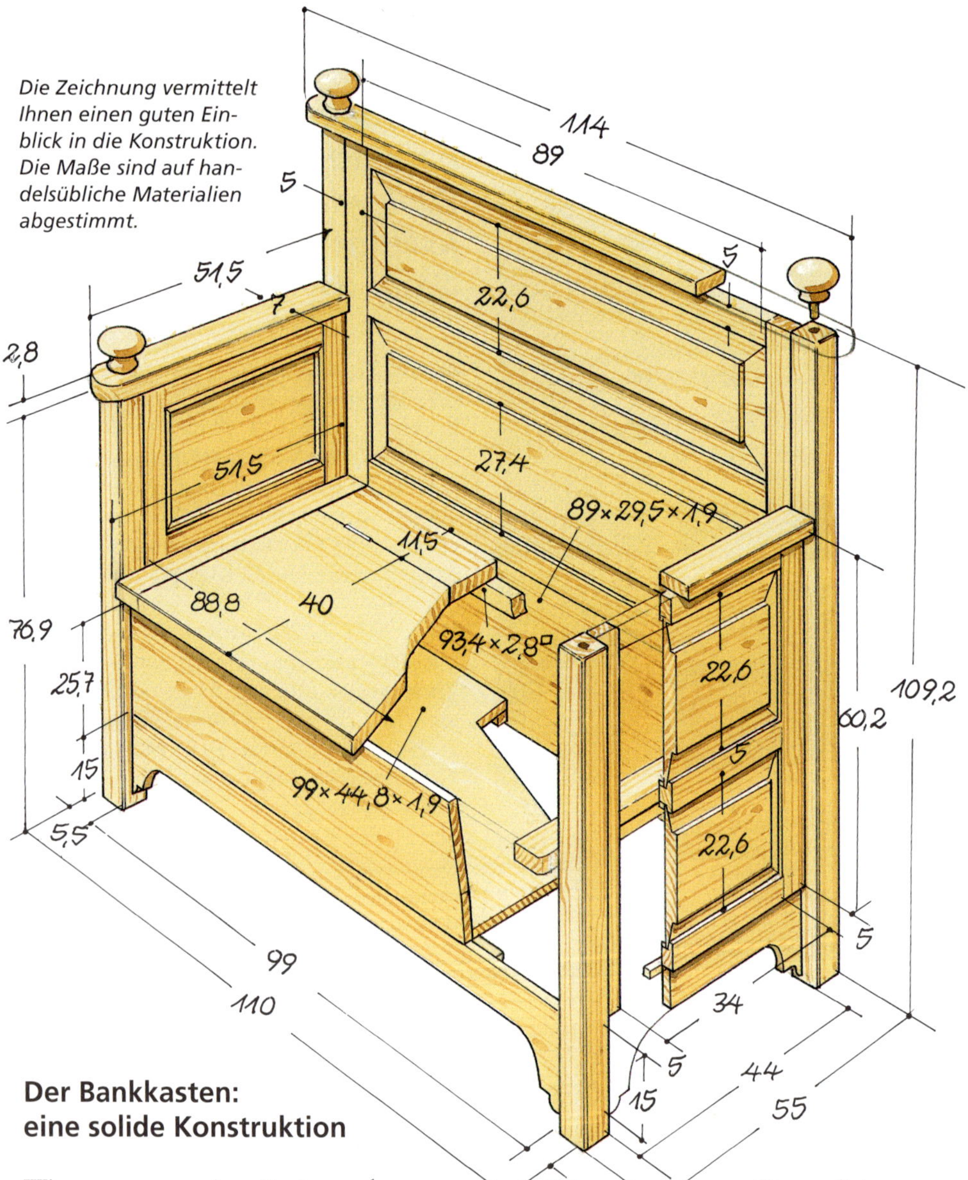

Der Bankkasten: eine solide Konstruktion

Wie man aus massiven Brettern oder Leimholzzuschnitten eine Rahmenverbindung fertigt und mit Holzdübeln und Leim zusammenfügt, ist in den vorstehenden Kapiteln schon ausgiebig geschildert worden. Das Prinzip wird auch hier nicht verändert, einzig, daß bei diesem Möbel zusätzlich noch schön geformte Sockelblenden, die zuvor mit der Stichsäge aus 19 mm dicken Leimholzplatten zugeschnitten worden sind, unter die Rahmen gedübelt werden. Der Bankkorpus, der aus zwei Rahmenseitenteilen, einer Rückwand, einer Leimholz-Frontplatte und je zwei verschieden hohen Beinstollen entsteht, wird mit Holzdübeln verbunden und fest verleimt.

eine Weile Zeit nehmen.

***Die Rahmeneinzelteile** werden mit Holzdübeln und Leim verbunden. Querhölzer vorbohren, Dübelmarker einsetzen, ankörnen.*

***Einen Falz,** 9 mm tief, 18 mm breit, fräst man in die Innenkanten der Rahmenquerstücke. Die Längsstücke nach dem Verleimen fälzen.*

***Die Abplattungen** der Füllungen werden, wie schon an anderen Möbeln gezeigt, an einem Hilfsanschlag mit 11 Grad Schrägung gesägt.*

***Mit Leisten** fixiert man die fertigen Füllungen in den ausgefälzten Rahmen. Keinen Leim angeben, das Holz muß arbeiten können!*

***Der Rahmen samt Füllung** und Sockelblende wird mit den massiven Stollen verdübelt und verleimt. Möglichst viele Zwingen ansetzen.*

***Mehrere Zwingen** mit mehr als 120 cm Spannweite werden benötigt, wenn der Korpus der Bank komplett verdübelt und verleimt wird.*

Halteleisten, *gegen die Seiten und den Rükken geschraubt, sind Auflage für den Sitzrahmen. Die Klappe ruht auf der Korpusfront.*

Die Armlehnen, *abgerundet und fein geschliffen, werden samt Zierkugel festgedübelt. Die Rückenlehne wird genauso behandelt.*

Die Sitzfläche: ein Leimholzbrett

Ist der Bankkorpus zusammengeleimt, kann man mit dem Anbringen der Sitzfläche beginnen. Auf Höhe der Vorderfront werden von innen Auflageleisten von 28 × 28 mm Dicke gegen die Seitenrahmen und die Rückwand geschraubt. Für den Sitz baut man einen nach vorn offenen, U-förmigen Rahmen aus 28 mm dicken Leimholzzuschnitten. An diesen wird die eigentliche Sitzplatte, die zugleich den Deckel zum Bankfach bildet, mit zwei kräftigen, sauber eingelassenen Scharnieren angeschraubt. Wie die Lehnenbretter von Arm- und Rückenlehne angedübelt werden, zeigt das Bild links. Die Zierknäufe gibt es fertig gedrechselt im gut sortierten Baumarkt.
Möchten Sie der Bank den Naturholzlook erhalten, sollten Sie die Oberfläche entweder mit einem flüssigen Möbelwachs oder mit einem kratzfesten, klaren Mattlack behandeln. Die andere Möglichkeit: eine farbige Oberfläche nach Art der Faßmalerei. Probieren Sie's vorher an Reststücken aus, damit Sie nicht enttäuscht werden!

Vor der Oberflächenbehandlung *wird das Holz fein geschliffen, die Kanten werden sauber abgerundet. Schleifstaub gut absaugen.*

Mit Holzgrund, *einer weiß pigmentierten Vorstreichfarbe auf Acrylbasis, werden Flächen und Ecken vollständig ausgemalt.*

Abtönfarbe, *wie man sie zum Einfärben von Wandanstrichen verwendet, dient als zweite Farbschicht. Den Ton nach Bedarf mischen.*

Mit Tesakrepp abkleben *muß man alle Flächen und Rahmenteile, die später rot bleiben sollen. Hier sind es die schrägen Füllungsteile.*

Die dritte Farbe, *hier ein gedecktes Grün, wird aufgetragen, dann teilweise mit einem Lappen fortgewischt. Rot soll durchscheinen.*

Mit Schleifvlies *täuscht man eine Abnutzung vor, indem man die Kanten durchschleift, bis die darunterliegenden Farben durchscheinen.*

Papierschablonen, *mit Ornamenten versehen und mit Fixativ verfestigt, dienen zum Durchtupfen von Zieremblemen.*

Die Patina, *mit dem Pinsel aufgetragen, wird mit einem Lappen gleich flächig nachgewischt. In den Ecken mehr Tiefe stehenlassen.*

Die Koffertruhe: massives

Früh übt sich, was ein echter „Blackbeard" werden will. Doch so eine Koffertruhe kann auch regulär erworbene Kostbarkeiten beherbergen.

Möbel mit langer Tradition

Die einen sammelten darin schöne Tuche für die Aussteuer, andere nutzten so eine Truhe als Hort für geraubte Schätze. Was aber tun Sie damit?

Ob eine Truhe ein besonders praktisches Möbel ist oder nicht, darüber möchten wir nicht streiten. Sicher ist eins: Schön proportioniert und aus massivem Holz gebaut, findet eine Truhe auch heute noch ihre Liebhaber. Ganz gleich, ob es sich dabei um ein altes Stück handelt oder um eins, das frisch aus der Hobbywerkstatt kommt.
Unsere Koffertruhe mit ihrem sanft gerundeten Deckel, den gedrechselten Kugelfüßen und ihren schweren Edelstahlbeschlägen ist traditionellen Vorbildern abgeschaut. An Stelle der für Laien schwierig herzustellenden Schwalbenschwanz-Zinken haben wir die Eckverbindungen mit sichtbar eingesetzten Holzdübeln gelöst. Das Baumaterial: massive, gehobelte Dielen mit Nut und Feder.

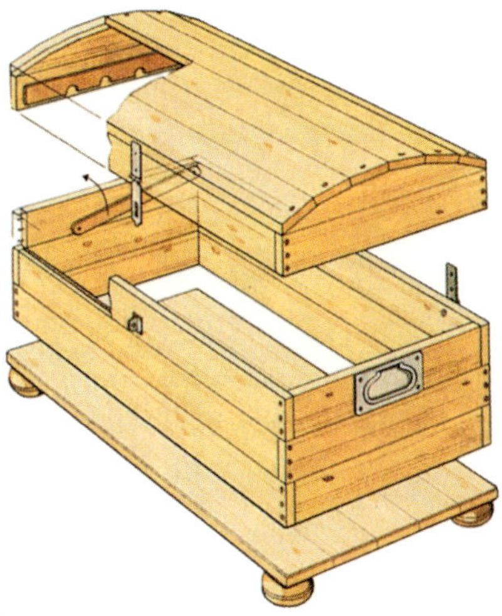

Die Hobeldielen werden nach einer Schablone angerissen. Das mittlere Loch mit 12 mm, die beiden anderen mit 4 mm ∅ durchbohren.

Das Schnittmodell zeigt das Prinzip: Man fügt die Bretter mit zwei Schrauben zusammen, bohrt und leimt den ersten Dübel ein usw.

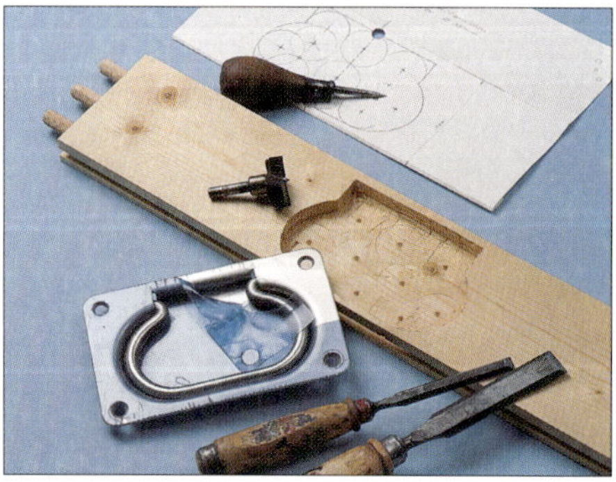

Zum Einlassen der Griffbeschläge fertigt man eine Schablone. Die Fläche mit dem Forstnerbohrer einlassen, die Ränder nachstechen.

Die Deckelseiten sind nicht rund

Einkaufen kann man die beidseitig glatten Hobeldielen am besten beim Holzhändler, der sie oft sogar in verschiedenen Längen anbietet. Aus der Deckbreite der Dielen, bei unserem Truhenmodell genau 10,4 cm, ergeben sich die Höhe des Kastens (ca. 31 cm) und die Höhe des Deckels (ca. 20,7 cm). Die Deckelwölbung erzielt man dadurch, daß man die beiden oberen Bretter der Deckelseiten zu einer Multiknicklinie anreißt, deren Scheitelpunkt 85 mm über der Basis liegt und deren Auflageflächen für die Deckbretter jeweils 9,8 mm betragen. Sägt man die Feder von den Deckbrettern ab und hobelt die Längskanten auf Schmiege, kann man sie mit Holzdübeln auf dem Deckelrahmen festleimen. Der übrigens wird im Prinzip genauso aufgebaut wie die einzelnen Rahmen für den Truhenkorpus. Man fertigt zuerst drei separate, bretthohe Rahmen, die mit Holzdübeln verbunden werden. Beim oberen und unteren Rahmen erhalten die Längsbretter die volle Truhenlänge, beim mittleren die Querbretter die volle Truhenbreite. Leimt man sie in dieser Reihenfolge aufeinander, entsteht an den Kanten ein reizvolles Bild, weil sich die sichtbaren Dübel mit den Hirnkanten abwechseln. Der Truhenboden besteht aus fünf zur Fläche verleimten Dielenbrettern, deren Kanten deutlich angefast werden. Die Kugelfüße aus Fichte, Fertigteile aus dem Baumarkt, werden untergedübelt. Boden und Korpus kann man von unten verschrauben – oder durch auf der Innenseite angeleimte Klötze fixieren. Die Brettstöße auf dem Truhendeckel sollte man mit dem Schwingschleifer etwas einebnen, so daß sie nicht störend wirken. Zum Schutz der Holzoberfläche eignet sich flüssiges Möbelwachs.

sichtbare Holzdübel verbunden werden

Zum Verleimen der einzelnen Kastensegmente fertigt man sich Zulageklötze aus beschichteter Spanplatte. Bohrungen: ∅ 14 mm.

Die drei Korpusrahmen nach dem Verleimen. Die Bretter sind an den Ecken versetzt zueinander angeordnet und verdübelt.

Genutete Brettabschnitte, auf die Feder der Rahmen gesteckt, schützen das Holz beim Aufeinanderleimen vor einer Beschädigung

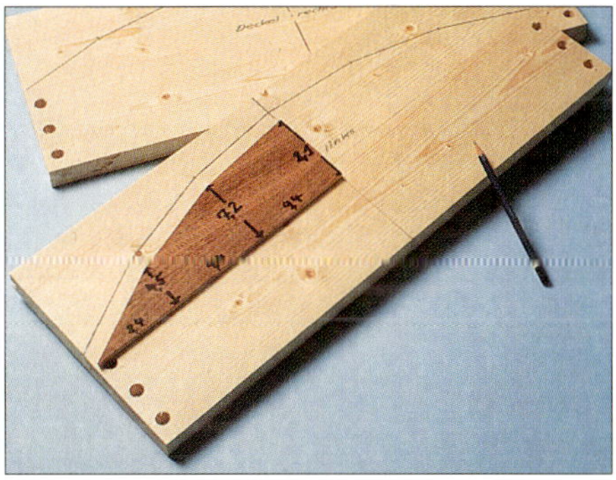

Eine Hartfaserschablone hilft, die Deckelwölbung exakt anzureißen. Die Kontur mit der Stichsäge ausschneiden, die Flächen hobeln.

Genau anpassen muß man die Längsbretter des Deckels. Deckelrahmen lose zusammenstecken, Schmiege anreißen, zusägen, hobeln.

Die Bretter, mit denen der Deckel eingedeckt wird, müssen mit der Kreissäge beschnitten werden. Beide Kanten auf Schmiege hobeln.

Stichwortregister

Fotografen: Ariadne Ahrens, Seite 18–23, 34–39, 48–53; Peter Doering, Seite 58/59, 60/61; René Lauert, Seite 9–12, 30/31, 40/41, 54/55, 62–64, 66–71, 78/79, 88–93, 100/101, 122–125; Marco Moog, Seite 94–99, 102–107; Petra Stange, Seite 24–29, 56/57, 80–86, 116–121; Karin Vogel-Berensmann, Seite 42–47, 72–77, 108–115.

Zeichnungen: Jochen Pape, Seite 16, 20, 32/33, 44, 50, 74, 104, 110, 123; Tillmann Straszburger, Seite 10, 26, 36, 68, 82, 90, 96, 118.

rororo selber machen

Die Bücher, mit denen das Schaffen zu Hause mehr Spaß macht.

60300–4

60301–2

60305–5

60309–8

60310–1

60312–8

60313–6

60314–4

60315–2

Ferner liegen vor:

Fußböden verlegen - Teppich, Holz, Kunststoff
60302–0

Badeinbau und Sanitärarbeiten
60303–9

Energiesparen durch Wärmedämmung
60304–7

Dachboden ausbauen
60306–3

Küche renovieren und einbauen
60307–1

Türen, Fenster und Treppen einbauen
60308–X

Wände und Decken vertäfeln
60311–X